〈追悼の祈り・復興の願い〉の人間像

東日本大震災と『般若心経』

幸津國生

An image of human beings
in ‘prayer for mourning ,
wish for recovery’——
the Great East Japan
Earthquake
and the “Heart Sutra”

花伝社

東日本大震災で亡くなった人びとのために
追悼の祈りを捧げるとともに
被災してもあきらめないで
復興の願いを遂げようとしている人びとに、
そしてこれらの人びとのことを忘れないで
その思いに寄り添おうとする人びとに

〈追悼の祈り・復興の願い〉の人間像——東日本大震災と『般若心経』◆目次

はじめに

東日本大震災で亡くなった人びとを追悼するために、これまでどれほど多くの人びとの祈りが捧げられたことであろうか。これからもなお多くの人びとの祈りが捧げられることであろう。大震災にもかかわらず生き残った人びとのうちには、亡くなった人びとのために追悼の祈りを捧げるとともに自分が生き残ったことの意味を問わなければならないという状況にある人びとも少なくないのではないだろうか。そしてたまたま被災を免れた人びとは、これらの人びとのことについて知るならば、誰でも次のように願わずにはいられないであろう。自分が生き残ったことの意味への問いに対して、一つの答えつまり亡くなった人びとの分までも（そしてできれば復興を目指して）これから生きていくという答えをこれらの人びとが見出すことができるように、と。さらに被災を免れた人びとは、次のような思いにも寄り添おうとするであろう。いまなお避難生活などで苦しんでいる人びとが被災してもあきらめないで、これから復興を目指して生きることへと向かおうとしているというその思いにも。

その際、これらの人びとが大震災の中を生き残ったとき、直接には家族や親しかった人びとのために追悼の祈りを捧げなければならないということにならずにすんだとすれば、被災を免れた人びとは同じ現代日本社会に生きる人間としてせめてこれらの人びとのために安堵の胸をなでおろし、これらの人びとのことを忘れないで、いま困難に耐えているその思いに寄り添おうとするであろう。

本書の問いは、次の点にある。すなわち、亡くなった人びとへの追悼の祈り、そして生き残った人びとの復興の願い、これら二つを重ね合わせるためには、どのような思想的な営みが求められるのかという点である。これら二つが重ね合わされるならば、生き残った人びとは復興を目指して生きることを通じて少しでも亡くなった人びとのことを決して忘れることなく、その無念の思いに寄り添い、そしてその思いを受け継ぎ、それらの人びとの分までも生きていくことができるようになるのではないだろうか。つまり、生き残った人びとにとって復興を目指して生きるということが亡くなった人びとを追悼することにもなるであろう。そうであるとすれば、復興を目指して生きるということ、そのこと自体が生き残った人びとにとって亡くなった人びとのためにすることのできる「供養」（追悼式などでの表現、後述参照）になると言えるかもしれない。

いま、このように生き残った人びとが亡くなった人びとへの追悼の祈りと自分たちの復興の願いとを重ね合わせて、これから生きていこうとしているとき、筆者はたまたま（居住地域の違いによって）被災を免れたひとりとしてせめてその思いをともにしたい。その思いをともにしようとする際、追悼の祈りと復興の願いとの二つを重ね合わせるためにはどのような思想的な営みが求められるのかについて、読者とともに考えたい。

第1章　本書の問い——追悼の祈りと復興の願いとを重ね合わせるためにはどのような思想的な営みが求められるのか

1　本書の問いとその背景

本書の問いとして、はじめに述べたように次のことを取り上げたい。すなわち、追悼の祈りと復興の願いとを重ね合わせるためにはどのような思想的な営みが求められるのか、ということである。

この問いを立てる理由は、次の背景のうちにある。すなわち、これら二つはこれまでのどの災害においても重ね合わされてきたことと思われるが、東日本大震災の災害は広い範囲に及ぶこと・永続的であることという点においてこれまでとは次元がまったく異なった「複合」災害（註1）であるという背景のうちにである。それ故、当の二つを重ね合わせることは従来の災害のときにもまして根本的な思想的な営みとして求められるであろう。というのも、地震および津波の災害が複合的に東日本の広い範囲に甚大な被害をもたらしたのは言うまでもないことであるが、さらに原発事故による災害が加わることで「複合」災害となり、災害の影響はいくつもの世代を越えて永続的なものになるかもしれないからである。もしそのようになるとすれば、今回の災害は空間的にばかりではなく時間的にも全国民的な規模に広がることになる。そのことを踏まえるならば、現代日本社会に生きる一人ひとりの人間は、今回の災害においてばかりではなく、すでに高い確率で想定されていて将来いつ起こっても不思議ではない災害への備えにおいてもまた、当の二つを重ね合わせることを通じて自分（註2）という〈存在〉（〈存在〉という語の規定については後述参照）の意味について考えなければならないであろう。

ただし、この問いに答えることには、もともと答えるには困難な点が含まれている。というのは、今回の災害では被災した人びとのほとんど一人ひとりにとって自分という〈存在〉を可能にするその基盤が失われたであろうからである。すなわち、追悼の祈りを捧げるその対象はおそらく主に家族や親しい人びとであっただろうし、生き残った人びとにとっては自分たちという〈存在〉を可能にした〈かけがえのないもの〉であっただろう。また、そこで自分たちの生きてきた故郷（それぞれの地域のコミュニティーや風景、そして自然環境など）のような〈かけがえのないもの〉も失われたであろう。さらに、生き残った自分自身の生きる意味、つまりそれまで自明のように思われていたかもしれない自分という〈存在〉の意味、他ならぬ自分自身という〈かけがえのないもの〉を失ってしまったかもしれない。こうして、生き残った人びとは、それまでそこで生きてきた〈かけがえのないもの〉としての自分自身との関係・人間相互の関係・人間と自然との関係（自分自身との関係・人間相互の関係・人間と自然との関係という枠組みについては幸津 2012:42-97 参照）を失ってしまったことになるであろう。

2　〈かけがえのないもの〉について

考察を進める前提として〈かけがえのないもの〉の語義について述べよう。古語辞典・国語辞典では次の通り（抜粋）である。

かけ【懸け・掛け】《物の端を目ざす対象の（側面）の一点にくっつけ、食い込ませ、あるいは固定して、物の重みのすべてをそこにゆだねる意》（古語辞典282）

かへ【交へ・替へ・変へ】取りかえること。取りかえるもの。予備。（古語辞典322）

かけがえ【掛替】用意のために備えておく同種のもの。予備。かわり。ひかえ。「―のない」（広辞苑（2）392）かわりとして用いるもの。かわり。「―のない命」（広辞苑（6）507）

もの【物・者】《形があって手に触れることができる物体をはじめとして、広く出来事一般まで、人間が対象として感知・認識しうるものすべて。［中略］人間をモノと表現するのは、対象となる人間をヒト（人）以下の一つの物体として蔑視した場合から始まっている》（古語辞典1283）

もの【物】対象を直接指さず漠然と一般的なものとして捉えて表現するのに用いる。（広辞苑（2）2195）形のある物体をはじめとして、存在の感知できる対象。また、対象を特定の言葉で指し示さず漠然ととらえて表現するのにも用いる。（広辞苑（6）2794）

もの【者】①人。②（代名詞的に）あいつ。③事。（広辞苑（2）2196。より詳しく広辞苑（6）2794）

古語辞典においては「かけかへ」という見出し語がない。古語の「かへ」だけで現代語の「かけがえ」にほぼ対応している。しかし、現代語の「かけがえ」には国語辞典における意味以上に「かけ」という古語の意味が加わっているのではないかと思われる。つまり、「物の端を目ざす対象の（側面）の一点にくっつけ、食い込ませ、あるいは固定して、物の重みのすべてをそこにゆだねる」という意味である。言い換えれば、〈主体〉は当の一点に自分のすべてを懸けるという意味である。逆に言えば、そのことによって〈主体〉にとっては当の一点に自分のすべてが懸かっていることになる。この意味が強調されるというところに、〈かけがえのないもの〉という語が成立する理由があろう。

本書としてはまったく根拠づけることができないけれども、想定することが許されるとすれば、〈かけがえのない〉という語が成立するには古語から現代語にいたる日本語の言語感覚を生み出す何らかの人間相互の関係における実践が積み重ねられたのではないだろうか。つまり、〈かけがえのない〉と形容するべき、あるいはそれによってしか表現できない何かについての言語感覚の背後にある社会的な慣習になった実践である。そこでは、いわゆる「無常感」（後述参照）の中で研ぎ澄まされたけれども、しかし当の「無常感」によっては受け止められないもの、あるいは表現できないものが感じられているのではないだろうか。つまり、それだけ「かけがえ」という語が前面に出て、しかもそれが「ない」で否定されること、つまり否定されることによってかえって〈かけがえのない〉という仕方で当の〈もの〉が強調されること、このような用語法でもってはじめて表現される何かが日本語の言語感覚の上で成立したのではないかと思われる。

まず、おそらく「かけがえ」という語が否定的な「かけがえのない」という形容で表現される対象についての用語法（例えば「かけがえのない命」）において成立したであろう。そのとき、取り上げられた対象はこの用語法によって否定的に形容されるが故にかえって重要な対象であるという肯定的な意味で捉えられる。そしてさらに、この「かけがえのない」という形容が「もの」につけられたとき、何か限定された対象についての表現を踏まえた上で、むしろこの表現を超えて、当の対象そのものへの思いの表現になったのではないかと思われる。つまり、表現としてはあらゆるものが対象になり、それ故特定の対象以外にも一般的に適用されることによって意味が希薄になりそうであるのだが、実はかえってそのことが「かけがえのない」という形容の意味をより強調することになるのではないだろうか。つまり、そのときこの「もの」とは他ならぬその対象そのものであって、内容的にはその対象をまさに唯一のものとして指し示しているのである。

本書は、〈かけがえのないもの〉という語を「かけがえのない」という形容を伴う一般的用語の「もの」として捉え、この語を用いる〈主体〉にとって、他のものによっては代えることのできない唯一のもの、を指し示していると理解する。その場合、この語は人間の側から一定の対象に対して用いられる。この対象には人間も含まれる。すなわち、人間の次元を超えてあらゆるものについて個々のものという〈存在〉という点から見るならば、人間も一人ひとりの人間という〈存在〉である（「もの」についてここでは取り上げることはできないが、それはモノとヒトとの区別を超えている）。したがって、逆に言えば、〈かけがえのないもの〉とは事柄としては人間の次元を超えてあらゆる〈存在〉について言うことができる表現である。すなわち、あらゆる〈存在〉は相互に、他のものによっては代えることのできない唯一のもの、として関係するのである。その点では、対象が人間である場合とは、あらゆる〈存在〉のうちの人間の場合であることになろう。それぞれの〈存在〉は、独自の〈形〉（本書におけるこの語の用法については後述参照）において他のものとは区別される。それらは、その独自の〈形〉の変化にしたがって空間的・時間的に有限な〈存在〉であり、そのようなものとして相互に一回的にしか出会うことがない。それ故に、それぞれは相互に他方にとって〈かけがえのないもの〉なのである。

ここで、次のことを確認しておかなければならない。すなわち、追悼の祈りと復興の願いとを重ね合わせようとするとき、その根底には厳粛な事実、つまり生き残った人びとが〈かけがえのないもの〉である人びと、あるいは故郷、あるいはそれまでの自分自身を失ったという事実があるということである。では、このことを前にして本書における考察を進めるわれわれは一体どのように答えることができるのだろうか。というのも、そこで失われた〈かけがえのないもの〉としての人びと・故郷・自分自身は、ふたたび戻ってくることはないのであり、しかも生き残った人びとにとってはそのことがすでに分かっているからである。そのように考えるならば、これらの〈かけがえのないもの〉を失った悲しみの深さに、生き残った人びとは耐えていくほかはないのかもしれない。そして、被災を免れた人びとは生き残った人びとのそのような状況を前にしてただ黙っているほかはないのかもしれないのである。

しかし、そのような状況があるとしてもなお、考えるべきことがある。すなわち、当の事実があるにもかかわらず、生き残った人びとは、亡くなった人びとを追悼するとともに、これから生きていかなければならないということである。また言うまでもなく、被災を免れた人びとも、生き残った人びとを少しでも支えて、災害からの復興をともに進めていかなければならないということである。そうであるとすれば、本書としてもまず事実を事実として受け止めることから始めなければならないであろう。

この事実を事実として受け止めた上で、次のことを明らかにする必要があろう。すなわち、そもそも追悼の祈りに復興の願いを重ね合わせることには思想的な営みとしてどのような意味があるのかということである。本書としては、その意味を次のことのうちに見出したい。すなわち、厳粛な事実の前に立っているもかかわらず、復興の願いを遂げることは、この悲しみのうちにありながらも、この失われた〈かけがえのないもの〉としての自分自身との関係・人間相互の関係・人間と自然との関係を作り直すということ、そしてこれらの関係を作り直すことは当の関係を新しい在り方で回復させるということである。一人ひとりの人間は、まず自分自身との関係において生き、次いで亡くなった人びとのために「供養」をすることによって人間相互の関係での傷を癒し、さらにまた新しい在り方で人間と自然との関係を復興させ、そして、そのような目的を立て、その実現のために尽くすことによってふたたび自分自身との関係（自分自身との関係がまず出発点として最初にあり、人間相互の関係・人間と自然との関係をへて、そしてふたたび最後に自分自身との関係に戻り、それが次の出発点になる）において自分の人生の目的あるいは自分という〈存在〉の意味を明らかにすることができるのであろう。それ故にこそ、厳粛な事実を前にして、追悼の祈りと復興の願いとを重ね合わせることが思想的な営みとして求められるであろう。そこに一人ひとりの人間が人間として生きることへの希望があると言えよう。

しかし、ここでの〈かけがえのないもの〉としてのこれらの関係を作り直すということ、そもそもこのようなことが可能なのだろうか。そしてこれらの関係を新しい在り方で回復させることとは、どのようなことなのだろうか。本書は、それ自身一つの思想的な営みであるが、そのようなものとしてこのような問いに一つの答えを見つけたい。

この答えを見つけるために、本書は次のことに注目したい。すなわち、追悼の祈りと復興の願いとの二つのうちとりわけ追悼の祈りが宗教的な営みにおける一定の在り方をすることが多いということである。このことに注目する理由は、宗教的な営みがほとんど社会的な慣習になった在り方をするとしても、その在り方が宗教的な営みである限り、本来そこでは思想的な営みがその核心をなしていると思われるからである。すなわち、宗教的な営みとは、ほとんど社会的な慣習になった一定の在り方をするにせよ、本来思想的な営みとして人びとを悩みや苦しみから救おうとする営みであるということ、したがって一人ひとりの人間に自分自身との関係・人間相互の関係・人間と自然との関係について問いを立て、そして答えを見出すように促す営みであるということである。

この営みの問いと答えとは、宗教的な営みとしてそれぞれの宗教において定められた在り方に従うものである限り、もともと一人ひとりの人間の思いを直接に表現するものではないかもしれない。つまり、それらは集団としての人間のいわば集合的な思いを表現するものであることになろう。それ故に、一人ひとりの人間の思いに必ずしも十分には応えることができないと言わざるを得ないであろう。

しかし、たとえそうであるとしても、逆に言えば定められた在り方のうちにはどのような思いをも盛り込むことができるとも言えよう。したがって盛り込まれる思いから見るならば、当の問いと答えとは、一人ひとりの人間にとってのそれぞれの追悼の祈りと復興の願いとに本来合致するのではないだろうか。このようにして、この問いと答えとは一人ひとりの人間および集団としての人間双方にとっての思想的な営みになっていると言えよう。

その営みがほとんど社会的な慣習になったということは、もともとの宗教的な営みが歴史における永い時間を経てその社会に生きる人びとにとって一般的に受け容れられたことを意味するのではないだろうか。このように一般的に受け容れられるということは、社会的にいわば文化的伝統として定着してきたことの結果でもあると言えよう。つまり、その営みにはそのように受け容れられるだけの思想的な営みが含まれていたということを意味するであろう。

そうであるとすれば、その営みにおける問いと答えとにおいて、それぞれの宗教は次のことについて試されることになるであろう。すなわち、そこでの宗教的な営みが、当の宗教を信じる宗教者などの専門家とは無関係な人びとにとって、より広く言えば、一定の宗教的な立場というものとは異なる立場あるいはまったく関わらない立場つまり一般人の立場にある人びとにとって、はたしてその思いに応えるものになっているのかどうか、つまり思想的な営みとして受け容れることができるものであるのかどうか、ということについてである（本書では専門家と一般人とがともにおそらく共通する思想的な営みを行なう例として、映画『遺体』を取り上げたい。後述第2章参照。また、新聞記事において伝えられる東日本大震災三回忌法要などもおそらく同様の例として挙げることができるであろう。後述第3章参照）。

ここでの「一般人」とは、何らかの専門から学ぶことはあるけれども、これを前提することのない人間、つまり何らかの専門が対象になっている場合に当の「専門家」ではない人間のことである。例えばここでは宗教というものに対象を限定するならば、他の宗教的立場に立つ人間あるいは無宗教の人間で一定の宗教的な立場に立つその立場の宗教者などの「専門家」から働きかけられる対象になる人間が考えられよう（「一般人」という規定については幸津2007参照）。というのも、このように、或る宗教が一般人にとっても受け容れられるものを備えていること、そしてそのように受け容れられることのうちにその宗教の存在理由があると思われるからである。そしてそのように受け容れられることは当の宗教が世代を超えて継承されるということであろう。ここに当の宗教の立場についての教育が求められる。ここに特定の宗教に関わりなく、それ故、その宗教的な営みがあらためて取り上げられ、本来の思想的な営みとして、つまり、一般人にとっての思想的な営みになることができるのかどうかが吟味され、そしてそのように吟味されるものとしてふたたび認識されなければならないであろう。

このように言うことには、本書の立っている一つの立場が前提されている。すなわち、まさに当の一般人の立場である。このような言い方に対して、何らかの批判が生じるかもしれない。そのような批判としては、例えば、とりわけ一定の宗教的な立場に立つ人びとから、このような言い方は宗教的な営みというものを思想的なものというものに限定して捉えており、そもそも宗教というものが分かっていないという批判がなされるかもしれない。しかし、たとえそのような批判がなされるとしても、一般人にとっては思想的な営みこそが自分という〈存在〉を支えるものではないだろうか。というのも、そもそも人間は誰であれ、またどのような在り方であれ、何らかの思想的な営みを行なわずにはいられないからである。つまり、事柄としては、そもそも人間というものはあらゆる専門というものに先立っているのであり、一人ひとりの人間という〈存在〉として、この場合は特定の宗教に先立って思想的な営みを行なわずにはいられないのである。したがって、専門というものを前提した場合には、専門家というものに対比されて一般人という規定も現われる。そのとき、専門分化が進めば進むほど、或る専門についての専門家は少なくなり、逆に専門家以外の人間つまり一般人が増えることになろう。そしてもともと特定の専門がない人間もいるのだから、一般人は人間というものの大部分をなすことになろう。それ故、一般人はあらゆる専門に先立つ人間というものの規定をめぐってその当の人間であるということがどのようなことであるかを示すであろう。したがって、一般人はここでは特定の宗教に先立って思想的な営みを行なうことになるであろう（本書では、『般若心経』における「色即是空　空即是色」の解釈のもとで一般人の立場の根拠づけを試みた。後述第4章参照）。

ところで、一般人がそのような思想的な営みを行なうことができるならば、思想的な営みというものは必ずしも宗教的な営みというものに結びつく必要はないのであって、そのような営みから切り離されていても一向に構わないのである。すなわち、思想的な営みとは、一定の宗教的な営みについて必ずしも本来の在り方ではない仕方で捉える場合もありうる（その思想的な営みの例として、日本の文化的伝統のもとでのいわゆる「無常感」における態度が挙げられる。後述第5章参照）。

同じことが宗教的な営みを例として挙げる場合だけではなく、宗教者以外の専門家によって推し進められる営みの場合においても言えることであろう。そのような営みとして、本書では科学的な営みを挙げている。科学的な営みについては、一般人の生活にとって前提になる社会的な「システム」になった科学的な営みの在り方が問われよう。このような科学的な営みは、現代日本社会に生きるほとんどの人間、つまり一般人にとってそれぞれの自分という〈存在〉が可能かどうか、すなわち生きることができるのかどうかを決定するようにますます不可避的なものになり、それ故次の世代への教育が不可欠のものになるであろう（地震・津波・原発事故に対して形成される科学的な認識に基づく社会的な「システム」になった科学的な営みおよびその教育について後述第6章参照）。

また、一般人自身がまた何らかの宗教的な営みからは独立しているものとして、そして社会的な「システム」になった科学的な営みの一定の在り方に依拠しつつ思想的な営みを行ない、そのことによって一般人が自分という〈存在〉を支える場合もあり、ここでも次の世代への教育が行なわれている（本書では、現代日本社会における福島県飯舘村の人びとの生活から生み出された「までい」という理念に基づく実践およびその実践に向けての中学生たちのドイツ研修を例として挙げた。後述第7章参照）。

もちろん、宗教的な営みがその核心において思想的な営みとして働くのかどうか一般人によって吟味された上で受け容れられるということも十分にありえよう。そのことによって、一般人は自分たちの生み出した思想的な営みをより根本的に根拠づけることが可能となろう。そのときには、何らかの宗教的な営みも思想的な営みとして、その在り方を変えることになるかもしれない。したがって、何らかの宗教的な営みがそのようになるのかどうかは、その宗教的な営みが一般人の立場にどのように関わるのかということに懸かっているのである。それ故、本書としては、このことに焦点を合わせつつ、まず宗教的な営みを考察の対象として取り上げることにしたい。

その際東日本大震災におけるその働きを吟味するのだから、ここで取り上げるべき宗教的な営みは日本の文化的伝統のもとでの営みに限定されるであろう。そのような限定において、本書の考察の対象としてとりわけ追悼の祈りに関わる宗教的な営みを取り上げるとすれば、それは主として仏教における営みであるとしても的外れにはならないであろう。

そこで注目したいのは、その在り方としては、おそらく（法要などの際に）仏教僧侶によって何らかの経典が読誦されることによって営まれるという在り方が少なくないであろうということである。

今回の災害は、何らかの経典が読誦される場合、その読誦のされ方において従来の葬儀に際しての在り方を維持することができないというように、宗教的な営みの在り方を変えさせるかもしれないものであったようである。つまり、宗教的な営みに対していわば社会的に慣習化された在り方を離れて、一人ひとりの人間にとって思想的な営みになることが求められているのである。そのことをはっきり示しているのは、僧侶たちの態度である。というのは、僧侶たちにとって多くの被災した人びとつまり一般人の置かれた災害の事態に直面しそれまでの宗教的な営みが見直されるという意味で僧侶たち自身の生き方への反省が当の宗教的な営みの中で思想的な営みとして行われていると思われるからである。

3　宗教的な営みについての反省

宗教的な営みが僧侶たち自身の生き方への反省としての思想的な営みになるということは、被災者（一般人）の思想的な営みへの求めに応じようと努めることから生じたのであろう。そのような思想的な営みをめぐって、経典のうちの主要なものの一つであると言える『般若心経』が読誦される場合について、次の報告を取り上げよう。

私たち僧侶はいままで、死者に対して宗派伝来の葬儀を執行してきた。あたたかく、やさしく、痛みを緩和する医療によって、手厚く見送られた死者は、葬儀社の丁重な扱いを受けて、別れのセレモニーに臨む。そして、きれいに死化粧を施されたご遺体に向かい、僧侶の読経が流れる。私たちは、それが通常のパターンだと思い込んできた。しかし、被災地では、それができない。生き残った人々は、自分の身内を見送るすべを失っている。

南相馬市の避難所にいた男性は、こう言った。「親父は津波に流され、遺体は安置所にある。やっと火葬が二五日に行われることが決まった。ほっとして、昨日はゆっくり眠ることができた」と。彼は私が僧侶であることを知り、「是非お経をあげてほしい」と言った。二五日、安置所から火葬場に向かう彼の父親の柩を、作務衣《さむえ》を着た私が誦む『般若心経』が見送った。通常の葬儀を取り巻く、派手なしつらえやお金のかかるセレモニーとは次元をまったく異にした見送りだった。現行の形式化、形骸化した葬儀は、この災禍の中の「別れのカタチ」から、見直されることになるかもしれない。（高橋卓志「大津波がのみ込んだもの」、内橋編 2011:112-113）

ここで取り上げる対象としての宗教を仏教に限るとして、もちろん宗派によってそれぞれ独自の経典もあったであろう。例えば日蓮宗における「南無妙法蓮華経」の題目が読経される場合が描写されている（註3）。

［芝崎］恵應［仙寿院住職］が胸をしめつけられながら後についていくと、遺体のなかに檀家の人が交じっていることに気がついた。お年寄りばかりではなく、働き盛りの男性や若い学生の姿もある。一体また一体と若者の死顔を目にすると、釜石は終わってしまうのかもしれないという寂寥《せきりょう》感が胸を刺す。

千葉［淳］［民生委員］は一通り遺体を案内すると目元を押さえ、恵應を正面につくった祭壇へつれていった。金魚鉢でつくった香炉が置かれ、石灰に数本の線香が刺さっている。千葉は申し訳なさそうに言う。

「仙寿院さん、一つお経を読んであげていただけませんか。そうしてくれると遺体も喜びます」

恵應は深くうなずいた。

「もちろんです。そのために来たんですから」

恵應は祭壇の前に歩み寄っていった。袈裟の袖を一度翻してから数珠を取り出し、大きく息を吸って手を合わせた。目の前に並べられている百数十体の遺体は沈黙に包まれている。館内にいた市の職員や警察官たちが気がつき、作業を中断して横一列に並ぶ。供養が行われるのを待っていたのだろう。

目を閉じると今見たばかりの遺体の顔が網膜に残像となって映る。恵應はそれをふり払うかのようにお経を唱えはじめた。日蓮宗の「南無妙法蓮華経」の題目がいく度も口唱され、体育館の隅々にまで低い声が響く。

突然、すぐ近くで女性が泣きはじめる大きな声がした。惠應が目を開けると四十歳前後の女性が小さな子供の遺体にしがみついてしゃくり上げている。今まさに我が子の遺体を見つけたのだ。

惠應は涙腺がゆるむのを感じてかたく目を閉じ、感情を押し殺してお経をつづけようとする。僧侶ともあろう者が、警察や市の職員の前で涙を流すわけにはいかない。だが、母親の痛々しい声を聞いていたら、こみ上げてくる感情を押えることができなくなる。惠應にも娘がおり、彼女の悲しみが我が事のようにつたわってくるのだ。惠應は自らに対して「無心になれ、格好悪いだろ、無心でお経を唱えろ」と言い聞かせたが、必死になればなるほど胸が苦しくなり、声がつまる。

このとき惠應の脳裏には、一人の老女の姿が思い返されていた。津波の日、目の前で流されていくのを見ながら助けることができなかった名も知らぬ老いた女性である。彼女の遺族もまた同じように遺体の前で声を上げて泣いているのだろうか――。［中略］
旧二中の体育館でお経を唱えている間、目の前にいた四十歳前後の女性はずっと子供の亡骸の前にひれ伏して泣いていた。我が子の名前を呼んでいるらしいが、嗚咽が激しく何と言っているのか聞き取れない。惠應はお経を読みながら熱くなった目蓋から涙がこぼれそうになるのを必死にこらえていた。震えてかすれる自分の声がもどかしい。
津波によって流された老女を、仙寿院にいた人々と力を合わせて助け出すことはできなかっただろうか。今更ながらそんな後悔の念に駆られる。今頃、あの老女の家族がどこかで悲しみに暮れているのではないか。

惠應は何度も声をつまらせつつ、旧二中の体育館に途切れ途切れの読経を力いっぱい響かせた。

（石井 2011:193-197）

4　一般人の立場

これまでの宗教的な営みが反省されたのは、被災した人びとである一般人の求めに応じてであった。そこには思想的な営みがある。この思想的な営みとしての宗教的な営みの意味を考察するために、仏教僧侶などの専門家ではない一般人の立場について考察しよう。

宗教的な営みに関わる一般人の立場について考察する際取り上げる仏教経典としては、日本において最もよく知られており、それ故最もふさわしいものとして、『般若心経』を挙げよう。ただし、この経典に基づく宗教的な営みにおける在り方について考察することは筆者の能力を超えている。そこで、ここではその思想的な営みとしての意味に、とりわけ『般若心経』における「色即是空　空即是色」に示される意味に限定して考えたい。

では、その営みにおいてこの経典に示された立場は災害という事態をどのように捉えるのだろうか。そして、この事態とどのような仕方で向き合うことで追悼の祈りと復興の願いとを重ね合わせて生きようとする人びとの思いに応えるのだろうか。つまり、その営みには一人ひとりにとって思想的にどのような意味があるのだろうか。
　災害という事態を前にこの営みを執り行う宗教家にとっては、その宗教の在り方、あるいは宗教家としての自分の在り方についての根本的な反省を迫られることになったようである。そこでは在り方としては宗教的な営みであるけれども、そのような在り方を超える営み、すなわち、その思想的な営みそのものが問われている。

　大津波は、沿岸の町や村をのみ込むと同時に、日本仏教をものみ込んだ感がする。この災禍により私たち僧侶は、いままでの在り方（生き方）、役割、社会との関わりなどを真剣に問い直さねばならなくなった。被災現場はいま、生きるために必要なモノを優先取得し、必要ないモノは容赦なく切り捨てている。伝統仏教は、そして僧侶はどうなのか。私たちは、被災した人々が生きるために必要なのか否かも自らに問い直さなければならない。通常時では想像できないことが被災地では次々起きている。それに対応できる柔軟さと瞬発力を必要とされる。伝統や檀家制度に守られた仏教が、これらを身につけることができるかどうか。高座から説教をする仏教から、地を這って人々の「苦」に寄り添える仏教に戻れるかどうか。これらの問い直しも迫られている。いま、二万五〇〇〇人もの死者・行方不明者によって、伝統仏教の喉元に刃が突き付けられている。伝統仏教が生きるか死ぬか、が問われているのだ。（高橋卓志「大津波がのみ込んだもの」、内橋編 2011:113）

この事態に直面して宗教的な営みへの自信が揺らぐことがあっても、「仏様の教え」が被災した人びとである一般人の思いに応えるべき専門家である僧侶を支えているという。

あれは震災後四、五日経った日のことだ。当時惠應は連日夜を徹して境内にいる避難者たちのために這いずり回ったが、思うように食糧や物資が手に入らず、体調を崩す者まで出てきて、仙寿院では逼迫した状況がつづいていた。避難者全員が顔に疲労と不安を滲ませ、寒さのため歯の根も合わぬほどに震えている。惠應は力を尽くしても事態が改善されないことに気が滅入り、ある老婆がつぶやいた「神も仏もない」という言葉についうなずいて、愚痴を漏らした。

「もう仏様なんて何の役にも立たないのかもしれないな……」

仏に祈ったり、頼ったりすることの意味がもうわからなかった。

すると、同じ部屋にいた長女がふり返り、惠應を睨みつけた。彼女は強い口調でこう言った。

「お父さん、違うよ。仏様の教えがあったから私たちはこの逆境に耐えていられるんじゃない？今頑張れているのは、仏様の教えがあるお陰じゃないの？」

胸をつかれたような思いだった。たしかにこの苦境のどん底でも避難者を受け入れ、守ろうとしたのは仏の教えがあったからだ。自分はずっと仏に支えられてここまできたことを忘れていたのだ。

これ以来、惠應は被災地の惨状を目の当たりにしてくじけそうになるときは、娘の言葉を自分に言い聞かせることにしていた。

――仏様の教えがあったからこそやってこられたんだ。もう少しだけ頑張ってみよう。そう考えると、わずかだが勇気がわく気がした。（石井 2011:227-228）

この僧侶のような専門家の場合に見られるように、今回の災害は宗教的な営みをその思想的な営みとして働くように、つまりもともとの在り方に立ち返るように促したと思われる。そしてさらに、この宗教的な営みは、宗教的な立場に基づきながらも、その範囲を超えて、しかも社会的な慣習になった在り方を超えて、一般人にまで広がっていると言えよう。つまり、それは、一人ひとりの人間の心を動かすものとなり、したがって一定の宗教的な立場（ここでは空の立場）を前提していない一般人にとっても思想的な営みとして働いているであろう。

第2章　映画『遺体　明日への十日間』

1　映画化における社会的な広がり

その例として、先の引用の出典であるノンフィクション作品、石井光太『遺体　震災、津波の果てに』を原作（二〇一一年一〇月出版）とする君塚良一脚本・監督による映画化作品『遺体　明日への十日間』を挙げよう（二〇一三年二月劇場公開）。この映画が製作されたということは、大震災発生後、ほぼ二年が経ち、このノンフィクションを映画化するという仕方で被災当時の出来事を顧みるという時期になったことを意味するであろう。そこにはおおまかに言えば、次のような広がりが生まれた。すなわち、当時の事実に関わった人びと―原作者―原作の読者―映画監督など関係者（俳優を含む）―映画の観衆（および原作の読者）という社会的な広がりである。この広がりは、追悼の祈りと復興の願いとを重ね合わせる社会的な慣習における実践（宗教的に言えば空の立場の「集団的実践」、立川2003の表現、後述参照）のいわば原点を示すものであろう。

執筆意図について原作者の言葉を聴こう。

東日本大震災の津波によって死亡した人の数は、行方不明者も合わせて約二万人。一瞬のうちにこれほどまでに膨大な遺体があちらこちらに散乱したのは、六十六年前の太平洋戦争後初めてのことであり、震災に限れば関東大震災から八十八年の間で最大の規模の犠牲者数だ。現代の日本人がさらされた最悪の災害だといえるだろう。

来る日も来る日も被災地に広がる惨状を目の当たりにするにつれ、私ははたして日本人はこれから先どうやってこれだけの人々が惨死して横たわったという事実を受け入れていくのだろうと考えるようになった。震災後間もなく、メディアは示し合わせたかのように一斉に「復興」の狼煙を上げはじめた。だが、現地にいる身としては、被災地にいる人々がこの数え切れないほどの死を認め、血肉化する覚悟を決めない限りそれはありえないと思っていた。復興とは家屋や道路や防波堤を修復して済む話ではない。人間がそこで起きた悲劇を受け入れ、それを一生涯十字架のように背負って生きていく決意を固めてはじめて進むものなのだ。

そのことをつよく感じたとき、私は震災直後から二カ月半の間、あの日以来もっとも悲惨な光景がくり広げられた遺体安置所で展開する光景を記録しようと心に決めた。そこに集まった人々を追うことで、彼らがどうやってこれほどの死屍が無残に散乱する光景を受容し、大震災の傷跡から立ち直って生きていくのかを浮き彫りにしようとしたのだ。

釜石市を舞台にしたのは、町の半分が被災を免れて残っていたことが大きい。陸前高田など町ごと壊滅した場所では、遺体捜索や安置所の管理は市外から派遣された人々が行っていることが多く、彼らはその土地の地理や方言すらわからないことがある。だが、釜石では死者・行方不明者千人以上を出したにもかかわらず、町の機能の半分が津波の直接的な被害を受けずに残ったことにより、同じ市内に暮らす人々が隣人たちの遺体を発見し、運び、調べ、保管することになった。私はそこにこそ、震災によって故郷が死骸だらけとなったという事実を背負って生きていこうとする人間の姿があるのではないかと考えた。遺体という生身のものを扱うことでそれはもっとはっきりしてくる。（石井 2011：93-197）

ここに、この著作の執筆意図がはっきりと述べられている。釜石で生き残った人びとは亡くなった人びとと直接的に向き合わなかったが故に、「人間がそこで起きた悲劇を受け入れ、それを一生涯十字架のように背負って生きていく決意を固め」ざるを得なかったという。そこには、「悲劇」に際しての一人ひとりの人間の態度が鮮明に示されているのである。すなわち、生き残った人びとは他の人びとのために貢献する態度つまり「貢献人」の態度（この態度の意味については幸津 2012 参照）を取り、その態度を当の他の人びとが亡くなっている場合にも貫いたということである。

このことが石井 2011 に「衝撃と感銘」を受けたという君塚監督に映画化を決意させたのであろう。その言葉に耳を傾けよう。

東日本大震災を取材した石井光太氏のノンフィクション『遺体　震災、津波の果てに』に、衝撃と感銘を受けました。

未曾有の災害に直面し、困難な状況や悲しみと向き合い、立ち向かった人々がそこにいたのです。

彼らは、ボランティア、医師、市の職員、葬儀社社員、警察官、消防団員として遺体安置所に集められ、津波で亡くなった人や残された家族のために必死に働いたのです。

生かされた者たちが同じ町で犠牲になった人のために、自分ができることで力になりたい、死者の尊厳を守りたい、遺体を家族の元に帰してあげたいと強く思ったからです。

それは、良心から立ち上った行動でした。

彼らもまた、同じ町に住む者であり、ともに被災者なのです。

この無償の行為は、報道では伝えられませんでした。

映画では、遺体安置所で彼らがどんな経験をし、何を感じたか。現実に起きたことをありのままに描きます。

この事実を多くの人に知ってほしい。災害や被災地への関心を薄れさせてはいけない。その思いを胸に製作します。これは、震災の犠牲者たちを支えた人々についての物語です。（プログラム1）

映画の「あらすじ」

次にこの映画の製作意図を表す「あらすじ」を見よう。

2011年3月11日、日本の観測史上最大の地震により発生した津波が岩手県釜石市を襲った。一夜明けても混乱状態が続く中、市では廃校となった旧釜石第二中学校の体育館が遺体安置所として使われることになった。次から次へと運ばれてくる遺体に、警察関係者や市の職員も戸惑いを隠せない。釜石市職員の松田信次［45］（沢村一樹）は、遺体の運搬作業に就くが次第に言葉を失っていく。急ぎ駆けつけた釜石市の葬儀社に勤める土門健一［39］（緒形直人）も経験したことがない犠牲者の数を聞き、ただ立ち尽くすしかなかった。

医師や歯科医師たちは遺体の身元確認作業にあたることになった。暖房もなく冷えきった体育館の中で、医師の下泉道夫［53］（佐藤浩市）や歯科医師の正木明［51］（柳葉敏郎）、歯科助手の大下孝江［36］（酒井若菜）らは、いつ終わるのかもわからない検案や検歯の作業に取り組んでいく。時には顔見知りの市民が遺体となって搬送されてくることもあった。

そんな遺体安置所を訪れた一人の男・相葉常夫［66］（西田敏行）は、定年後、地区の民生委員として働いていた。定年前は葬祭関連の仕事に就いていた相葉は、遺体の扱いにも慣れ、遺族の気持ちや接し方も理解していた。混乱した安置所の様子に驚愕した相葉は安置所の世話役として働かせてもらえるよう、旧知だった市長の山口武司［58］（佐野史郎）に嘆願し、ボランティアとして働くことになった。

運び込まれてくる遺体一人ひとりに生前と変わらぬような口調で優しく語りかけていく相葉。「遺体には生きている人と同じように接しなさい」と語る彼のその言動に、それまでは遺体を

〝死体〟としか見られず、ただ遺体を眺めることしかできなかった釜石市職員たちも率先して動くようになっていった。平賀大輔［36］（筒井道隆）は最初は戸惑いながらも少しずつ遺体に話しかけるように。自分のアパートが流された上に親友が行方不明になってしまった悲しみから遺体安置所の中に入ることすらできなくなっていた及川裕太［25］（勝地涼）も、いつしか遺族の拠り所になっていた。照井優子［19］（志田未来）も複雑な気持ちを乗り越え、安置所に祭壇をつくろうと提案。地元の住職・芝田慈人［55］（國村隼）も駆けつけ供養をすることに。安置所に響き渡る読経に、終わりの見えない作業に向き合っていた相葉たち、そして遺族も自然と手を合わせていた。

震災から10日目。目の前にある現実を直視しながらもそこから逃げない。残された人々は、今自分が出来ることをやり遂げ一人でも多くの遺体を家族の元に帰すことだけを考えていた。

そして、震災から2ヵ月後の5月18日。遺体安置所はその役目を終え、閉鎖された。

しかし、その後も犠牲者の遺体は見つかっている。（プログラム5）

こうして、被災による犠牲者の発生―生き残った人びとの行為―原作執筆出版―映画製作という流れにおいて、（多くの人びとが犠牲になったということが出発点になって、）生き残った人びとが震災を受け容れる（受け容れざるを得ない）ようになり、その行為がより広い範囲の人びとに受け止められるようになった。すなわち、一瞬のうちに起こった出来事が被災地で生き残った人びとのみならず、またこれまでも関心を寄せてきた人びとの範囲を超えて、少しずつ一般的になってきたのである。

最初はこの現実を受け止めるのは、当時被災地において犠牲者の身近な人びとに限られたことであろう。それ故、余りにも大きな被災の中では、個々の場合が一般的に顧みられることはなかったのではないだろうか。しかし、先の原作が出版され、さらに映画化されて、当の個々の場合が顧みられるようになったわけである。

個々の場合に関わって、映画鑑賞は「映画の舞台・岩手県釜石市のみなさん」にもあらためて思いを深める機会となったことが次のような感想から窺われる。

私も助けられた一人です。これから頑張って生きていきます。——釜石市甲子町　65歳女性

震災のむごさをふたたび知らされ、生かされた命の大事さを実感し、このような災害がないことを祈ります。——釜石市鵜住居町　59歳女性

両親を捜す為、何度も通った遺体安置所でしたが、／当時は何の感情も持てず、涙すら出て来ない状況でした。今日改めて思い出し涙が止まりませんでした。この現実を多くの人に知ってもらいたいし、私たちも決して忘れてはいけないと思います。——釜石市　47歳女性

胸に突き刺さる思いでした。しかし、これが現実。決して忘れてはいけない現実。人の命の尊さを学びました。また、震災のあった3月に命を授かりました。娘の成長と共に、月日を感じな

がら生活しています。生かされた命を基に家族を守り、地元・釜石に残り、少しでも役に立ちたい！　――釜石市鵜住居町　35歳男性

とてもかなしい話だと思った。しかし、これを通して釜石の復興につなげていきたいと思った。　――釜石市甲子町　11歳男子

改めて東日本大震災を風化させてはいけないと感じました。自分の子供、そして孫にも語り継がなければいけないと思います。二度とこのような被害を出さないためにも。　――釜石市　45歳女性

悲しさ、つらさを思い出しましたが、それ以上に心温まるものを感じました。　――釜石市上中島町　46歳女性

向き合うことが出来なかった。向き合わないまま1年と9ヵ月が過ぎてしまった今、この事実に向き合う時間を与えてもらいました。　――釜石市定内町　49歳男性

忘れたい記憶、でも忘れられない、忘れたくない気持ちでとても悩みました。この映画に救われたように思います。　――釜石市小川町　24歳女性

いつも「何で彼女が亡くなって自分は生きているんだろう」とずっと思っています。でも、今日見終わって、「もし次に津波が来てもまた生きたい。生きていて出来る事をやりたい。生かされたのだから」と思いました。　――釜石市　36歳女性（プログラム21）

映画で描写される個々の場合が示すものは、そこにこそ大震災をどのように受け止めるべきかについてのいわば原点があるということである。すなわち、大震災後二年が過ぎた「いま」、われわれは、宗教的な営みのうちに追悼の祈りと復興の願いとを重ね合わせる仕方で、この出来事を受け止め、この営みのもともとの思想的な営みとしての意味を探るための原点を一般的な規模で顧みる段階に到達しているのである。

ここで言う原点とは何か。それは、大震災で生き残った人びとが亡くなった人びとのことを決して忘れず、その無念の思いに応えるということである。それは、これらの人びとの〈かけがえのないもの〉としての人間の尊厳を尊重することであり、追悼の祈りの核心をなすことであろう。そしてそれは、その祈りの深さに対応するような仕方で自らの生かされた命を大事にして復興を目指してしなやかに生きていくことにつながるであろう。

本書の論点を先取りして言えば、空の立場から見て一切の〈形〉あるものとしての「色」はその本性においては「空」であるということ、このことが悲惨な事実によって示され、誰にとっても否定することのできないことになった。つまり、空の立場がおそらく一般人（空の立場に立つ僧侶などの専門家とは異なる立場に立つ人間）にとっても受け容れられたのではないだろうか。では、このことが一人ひとりにとってのみならず、どのようにして広い範囲で受け止められるようになるのだろうか。先に述べたように、当該の原作および映画の流れにおいて、一人ひとりにとっての実践、つまり個人的実践ばかりではなく、どのように広い範囲での実践、つまり「集団的実践」（立川 2003: 336、後述参照）が遂行されるのかが、いわばその原点において示されている。すなわち、ここにはおそらく、ほとんど社会的な慣習になった在り方を備えるようになった宗教的な営みの原点に対応する事態があると言えよう。今後は、今回の被災をきっかけとして「集団的実践」をどのように進めていくのかが問われるであろう。

この映画において数多くの遺体を前に住職・芝田慈人（國村隼）が「南無妙法蓮華経」の題目を悲しみのあまり時々声をつまらせながら読経するシーンが描かれている（前述参照）。これは読経というものが経典という形で伝えられてきた無数の人間たちの思いを一人ひとりの遺体に語りかけることによって亡くなった人びとの人間としての尊厳を取り戻しその霊を慰めることであることを示しているのであろう。

住職・芝田慈人のモデル　住職・芝崎惠應さんの言葉：

ご遺体は人の生命の証です。
私たちはその人たちが生きていたことの尊厳を最後まで守りたかっただけです。（プログラム

20）

芝田慈人役　國村隼の言葉：

関西生まれの僕にとって東北の自然は遠い遠い異国にも似た憧れの地でした。今は、傷ついたはずの地のエネルギーに吸い寄せられて、かえって元気をいただいたようで……そして、もう異国ではなくなりました。

この映画に出演できたことに感謝。（プログラム10）

ここには登場人物のモデル・原作者・監督・俳優が悲しみの中でそれぞれのできることに取り組んだということが原作および映画化作品という〈形〉で示されている。住職の読経は当然宗教的な営みであるが、さらにそれ以外の人びとの行為もそれにあたる営みであると思われる。そこに専門家と一般人とに共通の思想的な営みを見ることができよう。

2　「日本特有の死生観」あるいは「日本人の死生観」

君塚監督は、今回の作品を「映画人としての供養だ」（プログラム15、以下同）としている。主演者の西田は「自然災害で理不尽に命を奪われてしまった人たちに、生きている者として最大限尽くそうとする人たちの愛おしさ。いかに無念だったかということも含めて、遺体から何かを聞き取ろうとする方々がいたことは、誇りに思っていいんじゃないでしょうか」と述べる。これらの言葉が何を意味するのかという点について、海外での試写への感想が手がかりになると思われる。

君塚監督によれば、海外での試写への感想は大きく二つあるという。すなわち、

1 「遺体を名前で呼ぶのがすごい」

2 「遺体をトラックに効率的に山積みにする発想が日本人にはないことへの驚き」

原作者の石井はこれを「日本特有の死生観から生まれた行為かもしれませんね」としている。

以下、「日本特有の死生観から生まれた行為」をめぐって海外での試写への感想に関わる原作の当該部分を引こう。

感想1について

この映画で民生委員相葉常夫（西田敏行）は、一人ひとりの人間の遺体に語りかける。彼は、そのときそれまで遺体安置所に運ばれてきて番号でしか呼ばれなかった生前の名前を呼んで語りかける。そのようにして、亡くなった人の人間としての尊厳が守られるのであろう。すなわち、このことによってはじめて遺体はまさにその〈かけがえのないもの〉としての人間の尊厳を取り戻すのであろう。このような語りかけに見られる追悼の祈りの在り方は、通常は読経という一般的な在り方によって示されているけれども、しかし実は追悼の祈りというものが本来目指している在り方、どこまでも個別

的な在り方、そしてそれ故に根本的な在り方ではないだろうか。

安置所を訪れる家族は日一日と増えていった。彼らは肉親の遺体が入った棺の上や納体袋の隣に花を供えた。閉まっている花屋の戸を叩いてわけてもらったり、山から摘んできたりしたのだ。白い菊などはほとんどなく、カーネーションやチューリップなど赤や黄色の艶やかなものが大半で、傍を通ると蜜の甘い香りがした。千葉はそんな家族の思いやりを垣間見る度に、火葬できずに遺体を床に並べたままにしていることに負い目を感じていた。

ただ、あまりに膨れ上がった遺体の数は、関係者から遺体に払うべき敬意というものを少しずつ奪い去っていった。安置所にいる者たちはすべての名前を憶えることができずに遺族の前で品物のように「七百二十五番」と番号で呼んだり、遺体を飛び越えるように土足で跨いだりすることもあった。また、休憩のときなど周囲に人がいるのを忘れて笑い話をする人なども増えてきた。最初は誰もが遺体が床に横たえられているだけで慄《おのの》いていたのに、数が増加するにつれて見慣れた風景になってしまい、モノとしてしか感じられなくなったのだ。

千葉は横目で関係者たちの態度の変化を見ながら、自分だけは遺体の名前を憶え、生きている人と同じように接しようと心がけた。朝早く、旧二中を訪れると、ひょこひょことペンギン歩きで館内を回り、夜気で冷たくなった遺体に一体ずつ声をかけていく。たとえば子供の遺体には次のように言った。

「実君、昨晩はずっとここにいて寒かっただろ。ごめんな。今日こそ、お父さんやお母さんが探しにやってきてくれるといいな。そしたら、実君はどんなお話をするつもりだ？　今から考えておきなよ」

また、隣にいる妊婦の遺体にはこう言った。

「幸子ママは、大槌町に住んでいたんだね。一晩、この寒いところでよく頑張ってくれたね。ママのお陰で、お腹のなかにいた赤ちゃんは寒くなかったんじゃないかな。この子はとっても感謝しているはずだよ。天国へ逝ったら、今度こそ無事にお腹の赤ちゃんを産んであげるんだよ。暖かいところで、伸び伸びと育ててあげなよ。そしていつか僕がそっちにいったときに大きくなった赤ちゃんを見せておくれ」

遺体は人に声をかけられるだけで人間としての尊厳を取りもどす。千葉はそれを重ねることで安置所の無機質で絶望感に満ちた空気を少しでも和らげたかった。（石井 2011:184-185）

当の遺体安置所で遺体の〈かけがえのないもの〉としての人間の尊厳をどこまでも尊重した例として「死化粧」の場面がある。

ある日、旧二中の体育館に、四十歳ぐらいの女性が行方不明中の母親を探しにやってきた。げっそりと頬がこけていた。彼女は行方不明者の名簿からそれらしき特徴の書かれた番号を見つけ、警察官とともに七十歳になる死んだ母親を見つけ出した。遺体は全身がどす黒く変色していた。長い間外に放置されて腐敗が進行してしまっていたのだろう。女性は傍にいた千葉を呼び止めた。

「すみません。母親の体の色があまりにも変わってしまっていて……もとはこうじゃなかったんです。せめて顔だけでもお化粧をしてあげることはできないでしょうか」

色白で美しかった母親の黒ずんだ姿が、哀れだったのだろう。

千葉は少し考えてから言った。

「ここに納棺師を呼ぶことはできませんが、僕なら代わりにやれますよ。かつて葬儀社につとめていたときに死化粧をしていたことがあるんです。お化粧道具があれば貸していただけませんか？」

女性は急いで、バッグから化粧ポーチを取り出した。千葉は受け取ると、両膝を床について遺体の顔を見た。全体が深い土色になっており、目の周りや唇は真っ黒に変色している。頬や額がむくんで膨らみ、うっすらと腐臭がする。あと一週間もすれば、腐敗はさらに進むだろう。

千葉はファンデーションを塗る前に、クリームを大量に取り下地を厚くつくっていった。遺体の肌はそのままでは化粧の乗りが悪い上、変色を隠すためにはできるだけ厚くした方がいい。千葉はクリームをまんべんなく顔に塗りながら、遺体に語りかけた。

「今から、お化粧をしてあげるからね。ちょっとくすぐったいかもしれないけど、我慢していてね」

たっぷりとクリームを頬や顎に塗り終えると、今度はそれを首の裏にまで伸ばしていく。傾いた拍子に顔の前面しか化粧がされていないのがあらわになってしまえば、遺体の尊厳を傷つけることになりかねない。隅々まできちんとお化粧をしてあげたかった。

千葉はクリームを片づけると、次にコンパクトを出してファンデーションを下地の上に塗っていった。額から頬、顎、首、そして鎖骨のあたりまで丁寧にやっていく。化粧の香りが漂いだすと、少しずつ生きていたときと同じような顔色になっていった。千葉は手を動かしながらつづける。

「最後にきれいになってね。もしかしたら、あなたの気にいるようにはできないかもしれない。けど、精一杯やるから我慢してね。あの世でご先祖様に会ったときに、恥ずかしくないようになるんだよ」

アイシャドーをつけた途端、遺体の苦悶の表情が消え失せ、急に明るくなって見えた。つづいて明るい口紅を引くと、すっかり若返った。生前はどんなにか美しかったろう。まるで今にも目を覚まして起き上がってきそうだ。

女性は目を潤ませて、千葉の所作を見守っていた。そして化粧が終わるのを見てとると、遺体ににじり寄り、身を乗り出し、涙で声を上ずらせて呼びかけた。

「お母さん、きれいになったよ。よかったね、本当によかったね」

母親の長い髪を手でなでて整える。

千葉は彼女が喜んでいるのを見て胸をなで下ろした。そして了解を取って、つかい終わったばかりの化粧道具を遺体の横にそっと供えてあげた。

「お母さん、お化粧が終わったよ。ちょっとは上手にできたかな。もし僕がやり残したところがあれば、棺にお化粧道具を入れておくから、あの世に着いてから思うようにお化粧してね。自分でするのが一番美しくなるはずだから」

女性はそれを聞くと、目にいっぱいの涙をためて「ありがとうございます、ありがとうございます」とくり返した。千葉自身、安置所ではすべての遺体に湯灌や死化粧を行うことは不可能だとわかっている。だが、規則に縛られて決められた役割に徹するより、状況に応じてできるだけのことをしたいと思っていたし、それができるのがボランティアである自分の存在意義であるはずだった。（石井 2011:215-218）

民生委員・相葉常夫のモデル　民生委員・千葉淳さんの言葉：

震災時の未曾有な出来事が映画化されたことは大変よかったと思います。不幸にも亡くなられた方々を必死に処置をしてさしあげたことが記録、保存され、今後の皆さんの教訓になれば幸いです。（プログラム20）

相葉常夫役　西田敏行の言葉：

ご遺族の方々の心情を考えると、劇化するのが正しいかどうか判断には非常に迷いました。しかし劇化することによって〝事実〟とは違う〝真実〟が引き出せるのではないかと思い、出演を決意しました。

これは突出した一人の物語ではなく、全員の物語です。

決してヒーロー物語になってはいけないので、〝演技〟という枠の中では最も難しい〝冷静さ〟を忘れずに現場に臨みました。

亡くなられた方々の尊厳を生きている方々が守ろうとする想いを表現したつもりです。

そういった「日本人の死生観」を描いたドラマといっても過言ではないと思っています。（プログラム10）

ここで「日本人の死生観」とされているものは、「日本特有の死生観」と同じものを指していると解釈してよいであろう。それは、一人ひとりの人間の〈かけがえのないもの〉としての人間の尊厳をどこまでも尊重することであると思われる（註4）。

感想2について

遺体搬送の場面

遺体搬送の描写をめぐって原作でその基となる実態が描かれている。

三月十一日以降、釜石のマチはどこまでも瓦礫がつみ重なる廃墟となり、ヘドロを被った死屍《しし》が累々《るいるい》と横たわっていた。民家に頭をつっこんで死んでいる女性、電信柱にしがみつきながら死後硬直している男性、尖った材が顔に突き刺さったまま仰向けになって転っている老人。風の強い日も、雪の降りつもる日も、遺体は何日間も静かに同じ場所でかたまったままだった。

こうした被災地から遺体を一体ずつ拾い上げ、ダンプカーの荷台に乗せては旧二中の安置所へ運んでいた人物がいる。松岡公浩、四十六歳だ。本来の所属は市の生涯学習スポーツ課、国民体育大会担当係長。シープラザの隣にある釜石市教育センターというビルの一階に職場があり、地震の発生直前までは二〇一六年に開催される「いわて国体」の準備を責任者として取り仕切っていた。［中略］

だが、震災は松岡の運命を想像もしていなかった方向へ変えることになった。津波によって甚大な被害が出て間もなく、松岡は突然上司に呼び出され、急遽遺体搬送班への転任を要請されることになったのだ。マスクをかけ、手袋をし、被災地で見つかった遺体を担ぎ上げて安置所に移す仕事である。

このとき、松岡は津波の被災地を見ておらず、そこが具体的にどんな状況に陥っているのかわからなかった。ただ上司に命じられてうなずき、その職を任されただけなのだ。それから、二カ月以上にわたって、松岡は市の職員でたった一人この仕事を一貫して行うことになった――。

(石井 2011:57-58)

上空ではヘリコプターが何機も旋回して空を割るような音を立てている。散らばるガラスや釘を跨《また》ぎながら進むと、大渡町の仮置場は甲子川沿いの空き地にあった。割れて隆起したアスファルトの近くにブルーシートが敷かれ、毛布にくるまれた遺体が横たわる。一つ一つが異様なほど大きく見える。市場に並べられたマグロのようだったが、毛布の端から靴が脱げて泥だらけになった人間の足が突き出している。本物の死体だ、と思い背筋が寒くなった。

近寄ってのぞくと、足の皮膚はわずかに赤黒く変色しはじめており、細かな砂がびっしりとついていている。全部で十体ほどあったろうか。傍らで見張っているのは、寒そうに身を縮める市の職員ただ一人。〔中略〕

戸惑っていると、通りがかった住民たちが仮置場に並べられた遺体を恐ろしそうに見つめているのに気づいた。通行止めしているのとは逆方向から入ってきたのかもしれない。時間が経てばさらにマチにもどってくる住民は増えるし、その分人目にさらされるだろう。

同僚の一人が絞り出すような声で沈黙を破った。

「遺体を旧二中へ運ぶぞ。このまま遺体を野ざらしにしておくわけにもいかない」

松岡はうなずき、同僚たちと手分けしてふられた番号の早い遺体から順に腕や足を支えて担架に移した。そしてそれを持ち上げ、ガード下近くに止めたダンプカーの所まで運んでいくことにした。初めて担ぐ他人の遺体は海水を含んでいるのか、鉛のようにずっしりと重たい。巨大なコンクリートの塊を運んでいるようだ。死後硬直のせいで体の一部が担架からはみ出しており、瓦礫の上を歩いていると、バランスを崩して落としてしまいそうになる。

「足元に気をつけろ。傾かせるな」

声をかけ合いながら一歩ずつ慎重に歩いていく。どうして自分たちがこんなことをしているのか。なぜなのか。口には出さなかったが誰もがそう思っていた。

一時間後、松岡たちは一度遺体を旧二中の体育館に運び終え、再び残りの遺体を運ぶために仮置場にやってきた。ダンプカーの荷台に置けるのは最大で四体。十体の遺体を旧二中へ運ぶためには三往復しなければならなかった。

担架をかかえて仮置場にもどると、松岡はそこにあった光景を見て唖然として言葉を失った。地面に並べられた遺体が、先ほどよりさらに増えていたのである。この新しい遺体は何なのか。留守を守っていた市の職員が答えた。

「みなさんが運んでいる間に、新たに発見されたのです。昨日からずっとこうしてひっきりなしに遺体が運ばれてきているのです」

体の力が抜けた。まるで瓦礫の向こうから、列をなして遺体が行進してくるようだった。（石井 2011:64-65）

釜石市職員・松田信次のモデル　同市職員・松岡公浩さんの言葉：

まだ、映画を観る心情ではない方々も多いと思います。
しかし、いつかその時が来たらぜひ観てほしい映画だと感じました。
これは記録映画です。（プログラム 20）

松田信次役　沢村一樹の言葉：

登場人物の多くは、今なお戦い続けています。
この映画を観ることで、エールを送って欲しいです。（プログラム11）

ここにも「日本特有の死生観」あるいは「日本人の死生観」に関わる態度が示されているであろう。ここで挙げられた「日本特有の死生観」あるいは「日本人の死生観」がとりわけ「日本（人）」的であると規定することは、なかなか困難なことであって検討の余地があろう（註5）。

3　「日本（人）」的なものとしての人間の態度の描写

しかし、当の映画への反響を通じて示されているものは、それぞれ原作および映画において専門家ばかりではなく一般人によって行われていることとして描かれていること、したがってそれが現代の日本に生きる人間の態度として一般的に見られることとしておそらく原作の読者や映画の観衆からも受け止められているであろうことなどの理由から、それなりに「日本（人）」的なものであると規定することができるであろう。つまり、それが「日本（人）」的なものであると認識されるほどに、現代日本における人間の態度としての思想的な営みが一般化していると言えよう。その思想的な営みは、まさに宗教的な営みにおいて見られる仏教専門家の立場としての空の立場とは異なる一般人の立場からの営みとして位置づけられるであろう。

このような思想的な営みは、宗教的な営みとしてではなく、それぞれの職業における仕事を超えた態度として貫かれている。とりわけ職務上遺体に接しなければならない人間にとって、その思いは痛切であったに違いない。

もちろん人間の尊厳について、それぞれの遺体に変わりがあるわけではない。しかしながら、もしその遺体が知人・友人であれば、なおさらその思いの痛切さは極まるであろう。職務上接するこれらの人間にとっても、その遺体は家族にとっての〈かけがえのないもの〉に準じる〈存在〉になるのではないだろうか。

原作および映画において、このような場面に遭遇しなければならなかった医師・歯科医師・歯科助手の例が描かれている。

医師の場面

「これではありません」「これも違います」という声がだんだん近づいてきて、突然悲鳴のような声が上がる。

「母です！　私の母です！　ああ。やっぱりここにいた！」

娘は遺体に抱きつくようにしゃがみ込んで泣きはじめる。一緒にいた親族も頭を垂れて、顔を手で覆う。

小泉はその声が耳に入ってきても家族に目を向けることすらなく、床に膝をついたまま黙々と検案を行っていた。小さなライトで顔を照らしながら胸を強く押したり、注射器で心臓から血液採取を行ったりして、所見を用紙に書き記していく。目の前の仕事を無心でこなす。身元確認をする警察官たちのチームも同じように遺体と向き合う。

無論、小泉の目や耳にむせび泣く家族の姿は届いている。だが、彼は必死になって気がつかないふりをする。私情を抱いて家族の嘆く姿を目にした瞬間に心を引き締めていた箍が緩み、頭が混乱してしまいそうなのだ。だからこそ、小泉は遺族が泣き叫ぼうとも絶対に顔を上げようとはせず、「仕事に集中しろ」と自分に言い聞かせて手だけを動かした。

だが、そんな小泉も知り合いの遺体を見つけたときだけは体が凍りついた。一人、二人ではない。十年以上病院に通ってきてくれた患者、二日前に会ったばかりのロータリークラブの友人、仲のいい友人の兄弟など数え切れないほどだ。何十年もの間釜石で老舗の医院を開いていれば、住人たちとは大なり小なり面識があり、次々に知った顔を見つけてしまう。大戦中の艦砲射撃のとき、父もこうやって同じように顔見知りの遺体と向き合っていたのだろうか。

小泉は身元確認のメモに記された知った名前に気がつく度に、誰にも聞こえないほど小さな声でつぶやいた。

「君もか……」

深いため息をつき、冷たくなった胸を両手で力いっぱい押すと、気泡状の海水が咽喉から溢れてくる。チッチッチッという音は他と変わらない。

朝から検案の作業を全力でこなしていったが、体育館に並ぶ遺体は時間が経つごとに増えていった。一体の検案を終えて立ち上がると、新しい遺体が二体も三体も増えているのである。自衛隊員や警察官たちが流れ作業のようにしてマチで発見した遺体を担架に乗せて運び込んでくる。

小泉はそれを見る度に重い徒労感に打ちひしがれた。これでは作業が終わることなんてないのではないか。一体どれだけの数の知り合いの死顔を見て、胸を押して、死体検案書を書かなくてはならないのだろう。彼はこみ上げてくる憤懣《ふんまん》を喉もとで呑み込み、歯を食いしばって次の新しい遺体を診ていくしかなかった。（石井 2011:49-51）

医師・下泉道夫のモデル　医師・小泉嘉明さんの言葉：

震災を通して、死の尊厳、生きる事への希望と強い意思、人間性の在り方を再確認すると共に自然と人間社会の関わりを考える機会を与えてもらった。（プログラム 20）

下泉道夫役　佐藤浩市の言葉：

悲しいことに人間は、忘れるという事で進化をする側面を持ってます。

しかし決して忘れてはいけない事、風化させてはいけないものがあります。

絶対に忘れてはいけない事、風化させてはいけないもの……天災によって失われた命と、いつもそこにあった街の風景。

この映画はその祈りを込めて創られた作品と信じ、現場に立たせていただきました。（プログラム11）

歯科医師の場面

新たに運び込まれた遺体は隅の方で納体袋に入れられてまとめられ、検案や歯型確認作業を待っていた。まだ体についているヘドロが臭っている。勝がそれを一体ずつ確かめていくと、古くからの友人である野中の遺体を見つけた。野中は港の傍でテントや船舶の艤装品を扱う店を経営している四十代後半の男性だった。今時珍しいほど実直で情の深い性格で、勝は彼に仕事の相談に乗ってもらったことが度々あった。前日に行方不明だとわかった明男につづいて親友がまた犠牲になったなんて。

「おまえまで死んじまったのかよ……」

勝は野中の遺体を見下ろしながら首を横にふった。かつて居酒屋で腹を抱えて笑い合い、泥酔して騒いだ日の記憶が蘇ってくる。若い頃は月に何度も飲む中だった。愚痴を言いたくなったとき、誰を誘えばいいんだよ、バカ野郎……。胸にまた一つぽっかりと大きな穴が空いた。［中略］

陽が暮れはじめたのか、曇った窓の外に広がる雲が夕焼けに染まった。勝が何気なくふり返ると、野中の遺体の前に一人の女性が立っていた。彼女はじっと夫の死顔を見つめている。夫の死を聞きつけて探しにやってきたのだろう。普段から仲のいい夫婦で知られていた。勝はどう声をかけていいものか悩んだ。

そのとき、妻は野中の遺体の前にかがみ込み、やさしい声でこう語りかけた。

「あなた、お疲れ様でした。本当に、お疲れ様でしたね」

なぜ労りの言葉をかけているのだろう。だが次の瞬間その理由に思い当たった。野中の店のすぐ近くには実家があり、そこには体を悪くして動くことができない母親が暮らしていた。津波警報が鳴ったとき、親思いの野中は母を見捨てることができずに家に留まって助けようとし、命を落としたにちがいない。だからこそ、妻は最後まで母親を救おうとした夫に「お疲れ様でした」と囁いたのではないか。

思わず、目に涙が溢れてきた。こんな夫婦のあり方が羨ましかった。野中の奴は幸せ者だと思った。(石井 2011:155-157)

歯科医師・正木明のモデル　歯科医師・鈴木勝さんの言葉：
何人も泣き崩れた。その脇での作業。
「見つかってよかったですね」と思うようになった。(プログラム20)

正木明役　柳葉敏郎の言葉：
僕が演じた役のモデルの方から『目の前で起きた事に対し「自分がしなければならない」とい

う使命感のもとで携わった』と伺いました。

僕もその使命感を成し遂げるつもりでこの作品に参加させて頂きました。

決して忘れてほしくない出来事です。（プログラム11）

歯科助手の場面

体育館に家族が出たり入ったりして泣き声が響くなか、貴子は下を向いて周囲の出来事に気づかないフリをして、勝とともに歯型の確認作業をつづけていた。時計を見ては「あともう少し」と自分を励まし、遺族の悲しみに巻き込まれそうになる自分を抑えようとする。だが、あるとき勝がふとどこかへ行ってもどってきたと思ったら、気まずそうな表情をしてこう耳打ちした。

「吉原さんの遺体が運ばれてきたよ。今、奥さんと息子さんが来ている。行ってきな」

吉原は数店舗の呉服屋や洋服屋を経営していた六十代の男性だった。貴子は二十三歳で勝の歯科医院に勤めはじめる前に、一年弱彼の店で働いていたことがある。ちょうど東京から都落ちしたばかりの悩みの多い時期で何度も長い時間にわたって相談に乗ってもらったこともあった。

貴子がふり返ると、傍らに吉原の妻や息子が立っていた。信じられない心境で歩み寄っていくと、床には吉原が生気のなくなった顔を上に向けて静かに横たえられていた。貴子は朝からずっとこらえてきた感情を爆発させるように叫んだ。

「社長、やめてよ！　なんでこんなところにいるのよ」

吉原は地方の港町にあっていつも都会風のおしゃれなスーツでめかし込み、他人の話に真剣に耳を傾ける人だった。仕事のときも、貴子のような若い従業員の意見を積極的に取り入れてくれた。職場では父親のような存在だった。その彼が冷たくなって安置所の床に置かれている……。

「奥さん、なんで社長はこんなになっちゃったんですか」と貴子は涙声で訊いた。

吉原の妻はしゃくりあげながら答えた。

「夫は港の水門を閉めに行ったの。それが命取りだった」

「水門？」

「そう、夫は消防団員だったでしょう。だから地震の直後に水門を閉めに行ったのよ。そこに津波が襲いかかってきて流されてしまったの……」

吉原は責任感のつよい男だったため、津波が来たと知って最後まで釜石を守ろうとしたのだ。貴子はこの時ばかりはもう、こみ上げる涙を止めることができなかった。（石井 2011:142-144）

歯科助手・大下孝江のモデル　元歯科助手・菊池貴子さんの言葉：

同じことが明日は自分の身にも起こるかもしれない。

このようなことがあったことを知っていただければ、そのときに生かすことができるのでは、と思います。（プログラム20）

大下孝江役　酒井若菜の言葉：

どうぞ「人間は無力だ」などと嘆かないでください。

自然に太刀打ちできるのは、人間だけです。

人を救えるのは、人間だけです。（プログラム10）

原作および映画において、職務上何らかの仕方で大震災の事実に関わらざるを得なかった人びとについても描かれている。その一人ひとりが人間としての思想的な営みに迫られたことは、言うまでもない。

葬儀社社員の場面

千人を超えるかもしれないという犠牲者の数の多さから、葬儀社の社員は大変な決意で棺やドライアイスの準備を進めたことが描写されている。


話し合いがはじまると、市の職員はこう切り出した。

「ご存じだと思いますが、昨日の津波によって大勢の人が亡くなりました。市内の死者数は千人を確実に超えると考えられており、もしかしたら二千人、三千人という数になるかもしれません」

土田は耳を疑った。二、三千人といえば、釜石市の総人口の十五人に一人ぐらいの割合だ。それが一瞬にして死んだというのか。通常、人が死亡した場合、葬儀社が病院などから遺体を引き取って火葬までホールで安置することになっているが、それだけの数を一度に収容することは物理的に不可能だ。

市の職員はつづけた。

「葬儀社でこれだけの遺体を預かることはできないと思います。したがって、当面は市で用意した旧二中の安置所で火葬まで一括して保管することにします。サンファミリーさんと鎌田葬祭会館さんにはこれらの遺体を安置所から火葬場へ送るまでの作業をお願いしたいと思います」［中略］

「葬儀社さんには我々とともに遺体の保存にご協力いただきたいと思っています。今のところ、棺やドライアイスや骨壺など必要な物資がまったく足りていません。まず棺については自治体で千基用意しますので、サンファミリーさんと鎌田葬祭会館さんもそれぞれ千基ずつお願いできないでしょうか」

「千基……」

「現在安置所の遺体は納体袋や毛布につつんで床に並べている状態です。現場の方たちからは一刻も早く棺を用意してくれという要望が上がってきています。それで犠牲者を最大三千人と見積もって準備を進めておきたいのです。それとドライアイスはできるだけ多くお願いします。これだけの遺体を火葬するには一カ月以上かかる恐れがあり、それまで腐敗を食い止めなければなりません」

通常、遺体の保存につかうドライアイスの量は一体あたり十キロだ。三百体だとしたら三トン。三千体だとしたら三十トン必要になる。市内の業者は停電で動いていないので、毎日外からそれだけの量を運んでこなければならない。(石井2011:175-177)

葬儀社社員・土門健一のモデル　葬儀社社員・土田敦裕さんの言葉：

映画を見させていただいて被災者の本当の気持ち「事実とは違う真実」が見事に表現され当時を思い出し涙させていただきました。

映画『遺体』の製作に携われたことに幸せを感じさせていただきました。

深く感謝いたします。ありがとうございました。(プログラム20)

土門健一役　緒形直人の言葉：

未曾有の災害の中、意義深く行動された方々に感銘を受け、この映画に参加させていただきました。

命を尊ぶ心の根幹を感じていただければと思います。(プログラム10)

市長の場面

　この日、千葉は顔を洗い、ジャンパーに身をつつむと、一つの決心を胸に抱いて愛車のアトレーに乗り込んだ。釜石市長である野田武則のところへ行き、自分が安置所の指揮をとると申し出るつもりだった。［中略］

　車を運転して向かった先は釜石駅に隣接する物産センター「シープラザ釜石」だ。もともと釜石市役所の庁舎はマチの緩やかな坂の途中にあったが、海からわずか三百メートルしか離れていなかったため、一階部分に海水がなだれ込み、瓦礫や車が流されてきた。市長は屋上へ逃げてかろうじて助かったものの、庁舎はつかいものにならなくなり、シープラザに機能を全面的に移行したばかりだった。

　千葉はシープラザに入ると、停止したままのエスカレーターを上って二階に設置された災害対策本部へ赴いた。ベニア板で仕切りをつくり、会議用の机を横に並べただけの仮設の会議室では、市長が自治体の各担当者に指示を出している最中だった。千葉は市長の手が空くのを待ってから歩み寄った。市長はすぐに釜石市民劇場で活躍していた千葉に気がついた。千葉は挨拶をしてから単刀直入に切り出した。

「昨日、安置所となっている旧二中の体育館に行ってきました。医師による検案ははじまっていましたが、それ以外がまったくうまくいっていない状況です」

「うまくいっていないとは？」

「遺体の取り扱い方を誰もわかっておらず、統率がとれていないのです。遺族も続々とやってきていますし、これからさらに増えるでしょう。今後は葬儀社をうまく動かしながらことを進めていかなくてはなりません。僕なら遺体の取り扱いや葬儀社の内情をわかっています。安置所の管理を任せてもらえないでしょうか」

市長も千葉が長年葬儀社に勤務しており、これまで民生委員として老人福祉など人がしたがらない仕事を積極的にやってきたことは知っていた。それに彼の言う通り、何の経験もない市の職員だけでは限界がある。

「安置所で働いてくれるのか」

「はい」と千葉は答えた。

市長は少し考えてからうなずいた。

「わかった。頼む」

釜石は人口四万人、海沿いの小さな田舎町だ。市民劇場などのイベントごとがあれば、そこでみんなが顔見知りになり、親戚のような親密な付き合いをするようになる。そうした狭い人間関係に息苦しさを感じて外へ出ていく若者も多いが、いざこういう危機に陥ったときこそ人とのつながりが最大限に活きる。

千葉は災害対策本部を去る前に、安置所で働く以上知っておきたかったことを尋ねた。

「もう一つ聞かせてください。釜石での死者数はどれほどになるのでしょうか」

市長は難しい顔をして、首を傾《かし》げた。マチが津波によって破壊されたのは確かだが、まったく予測がつかなかったのだ。数十人という説もあれば、数百人、あるいは数千人という説もあった。

（石井 2011:25-27）

出演者にとって映画作品が犠牲者への「供養」になるという仏教的な捉え方が現われている。

釜石市長・山口武司役　佐野史郎の言葉：

撮影に入るにあたり、君塚監督から、この作品を世に送り出す覚悟を問われた。

僕は答えた。

この映画は、犠牲になられた方々へのご供養となるよう捧げられるべき作品であると。

芸能の起源が神事……神（人知の及ばぬものすべて）への捧げもの……であるならば、この作品が神々に捧げられ、震災により亡くなられた方々へのご供養となることを心より祈りたい。

（プログラム11）（野田武則市長の言葉はプログラムには記されていない。）

その他原作との対応が特定されない人物も登場する。すなわち、体育館の現場でまったく職務の専門外であっても、職員であるという職責上直接犠牲者と接しなければならなかった市役所職員たちである。遺体と直面して最初は当の職務を職務として受け止められず、動揺しても、民生委員相葉の「ご遺体」に対する振る舞いを見て、徐々に遺体に声かけをするなど態度をあらためるようになる。おそらくそのような職員たちによって現場は支えられていたのであろう。このことが俳優たちの演技によってリアリティーをもって描かれている。

釜石市職員・及川裕太役　勝地涼の言葉：

東日本大震災を風化させてはいけないという気持ちで、撮影に参加させていただきました。多くの人の願いがこの作品には込められています。どうかこの思いを感じてください。(プログラム10)

釜石市職員・照井優子役　志田未来の言葉：

東日本大震災は、何の前触れも心の準備もないまま、一瞬にして大切な街、大切な人を奪いました。

そんな状況の中、大切な人との再会を願い、優しい温かい想いで懸命に前に進んで行こうとした人たちがいました。

私はこの作品に参加させていただき、被災地の「現実」を知りました。

被災地の方々がこんなにも辛い状況を乗り越え、今日まで懸命に生きてこられているのだということを改めて感じました。

この作品に携わり、演じる身として、一人でも多くの方々の心に残ることができたなら嬉しく思います。(プログラム11)

釜石市職員・平賀大輔役　筒井道隆の言葉：

日本人として絶対に風化させてはいけない事だと思い、この映画に参加させていただきました。世界中の方に観ていただきたいです。

そして、大人として、安心して住める地球を子供たちに渡したいと思います。（プログラム11）

原作および映画に関わった人びとの言葉は、追悼の祈りと復興の願いとの重ね合わせの根本的な在り方になる思想的な営みの広がりを示していると言えよう。この思想的な営みは、〈かけがえのないもの〉としての一人ひとりの人間の尊厳を守り抜く態度として、「無常感」（当該項目についての後述参照）に見られる日本の文化的伝統を超えるものであろう。それを日常的な仕方で社会的な慣習とするならば、宗教的な営みにおける社会的な慣習を超えた人間像が作り出されるであろう（本書では福島県飯舘村における「までい」の理念のうちにその例を見出している。後述参照）。

第3章　新聞記事——仏教各宗派による三回忌法要などについて

大震災から二年を経て、どのように宗教的な営みが行われたのだろうか。このことを知るために、以下、三月一一日を中心に主として仏教各宗派による三回忌法要などについての新聞記事を引用する。政府や自治体などによる追悼式も少し加えておく。対象地域は（若干の重複はあるが）、岩手県・宮城県・福島県の全域にわたっている。

これらのほとんどで僧侶が読経などの宗教的な営みをしている。また、必ずしも仏教的な仕方ではなくて宗教色のない追悼式においても、「復興こそ供養」という仏教的な雰囲気が感じられる仕方で追悼の祈りと復興の願いとが重ね合わされている。このようにして、空の立場の「集団的実践」が行なわれているのである。

IWANICHI ONLINE 岩手日日新聞社

「東日本大震災関連記事」より

2013.3.12「震災の教訓　後世に～発生時刻に鎮魂の鐘」

北上ユネスコ協会（小笠原味佐枝会長）が主催する「鎮魂と復興の鐘をならそう」は11日、北上市河岸の染黒寺で開かれた。同協会や市校長会、県公立学校退職校長会などから参加した約40人は、東日本大震災発生時刻に合わせて鐘を鳴らし、被災地の復興と犠牲者の冥福を祈った。

同協会では震災から2年が経過することから、犠牲者への鎮魂と被災地の子供たちの健やかな成長などに祈りを込めようと開催した。

本堂前に集合した参加者は、午後2時46分の地震発生時刻に小笠原会長が鳴らした鐘の音に合わせて黙祷《もくとう》した。小笠原会長は「協会では震災の教訓を伝え、風化させないために開催した。長期的に子供たちへの支援を中心に取り組み、一日も早い復興と被災者の健康、子供たちの健やかな成長を願いたい」とあいさつした。

県公立学校退職校長会和賀会の菊池修会長は、教諭時代の初任地が大槌町の安渡小学校だったことから、震災後の教え子たちとの触れ合いの様子を紹介。「教え子から『俺たち頑張るから忘れないで』と言われた。被災地は形をなくしたが思い出は生きている。まだまだ復興まで大変だが、教え子の言葉を大事にこれからも支援していきたい」と話した。

出席者は同校長会でつくった「鎮魂の歌」を歌い、犠牲者に哀悼の意をささげながら災害の教訓を後世に伝えていくことを誓った。

2013.3.12「人びとの安寧祈り中尊寺、毛越寺で三回忌法要」

東日本大震災の発生から2年を迎えた11日、世界遺産「平泉の文化遺産」を構成する平泉町の中尊寺と毛越寺で、震災犠牲者の三回忌法要が営まれた。関係者をはじめ観光客が手を合わせ、亡くなった人たちの霊を慰め、被災地の復興に願いを込めた。

このうち、中尊寺では震災の発生時刻に合わせ、午後2時30分すぎから同寺本堂で東日本大震災物故者三回忌慰霊法要が営まれた。一山の僧侶16人が読経した後、関係者が焼香して静かに手を合わせ、犠牲者の冥福を祈った。

同寺で毎月11日に営まれている命日法要に参列し、この日も参列した宮古市田老町出身の阿部千鶴子さん（71）＝一関市花泉町＝は、同級生7人をはじめ、多くの親戚、知人を失った一人。「亡くなった方の心安らかな旅立ちを祈った。遺族の方は心安らぐことはなくとも前を向いて歩けるようになればと思う。知人やお世話になった方の中にはまだ行方が分からない人がおり、一人でも多く見つかってほしい」と目頭を押えた。

この日は2012年7月から約4か月にわたって開帳された同寺の秘仏「一字金輪仏頂尊坐像」の御開帳拝観料の一部を陸前高田市小中学校復興基金に寄付。南三陸研修センターにも寄付することにしている。寄付金はそれぞれ500万円。

2013.3.12「共に歩み　復興へ～曹洞宗第5教区」

曹洞宗県第5教区（稀雲浩昭教区長）主催の東日本大震災物故者追悼三回忌法要は11日、奥州市江刺区南町の光明寺で行われ、教区内寺院の住職、檀家《だんか》らが震災発生時刻に合わせて黙祷《もくとう》や読経を行い、津波による犠牲者の冥福を祈り、被災地の復興に願いを込めた。

同寺の本堂に教区内から関係者約150人が集まった。発生時刻の午後2時46分になると僧侶が梵鐘《ぼんしょう》を9回にわたって突き、参列者がそれぞれの思いを重ねながら静かに手を合わせた。

引き続き、追悼三回忌法要を行い、僧侶たちの読経が響く中、参列者が次々に焼香した。

法要に先立ち、法話に立った松森弘隆曹洞宗県宗務所布教師は「被災した方々が安らぎを得ることは難しいことかもしれないが、私たちが思いやりの心を持って一緒に歩んでいくことが犠牲者の追悼になり、遺族の方々を見守ることにもなる。それが復興の力にもつながると思う」と語った。

同教区は被災地の早期復興を願い、参列者に会場受付で義援金の協力も呼び掛けた。義援金は関係機関を通じて被災地に送ることにしている。

2013.3.11「冥福祈り復興誓う　陸前高田で犠牲者追悼」

陸前高田市主催の東日本大震災追悼式は10日、同市高田町の高田小学校体育館で、遺族ら約800人が参列してしめやかに営まれた。同市では1700人を超える市民が死亡、または行方不明のまま。深い悲しみの中、参列者は祭壇へ花を手向けて犠牲者の冥福を祈るとともに、震災発生から2年を迎えるのに当たり、改めて復興への誓いを立てた。

戸羽太市長は式辞で「悲劇を二度と繰り返してはならない。犠牲者のことを片時も忘れることなく、一日も早い新しい陸前高田市の復興を市民一丸となって実現させなければならない。私たちは震災によってこれ以上ない挫折と絶望を味わい、誰よりも命の大切さとはかなさを知り、たくさんの優しさと思いやりに触れた。この経験を生かし、私たちにしかできないまちづくりに向けて邁進《まいしん》する」と述べた。

また、遺族を代表して小島幸久さん（41）が「死というものは突然に訪れるものだと痛感し、だからこそ今を生きている尊さを知ることができた。生きたかった犠牲者のことを思うと、その分まで生き抜くという気持ちが心の底から湧いてくる。あなたは心の中に生きている。復興を一緒に感じ取っていこう」と追悼の言葉を述べた。

小島さんは震災発生直後に仕事先から自宅へ戻って家族の安全を確認し、消防団活動に奔走。その後、妻子と両親は近隣住民と共に車で避難する途中、津波にのまれて亡くなった。同市高田町の自宅も失い、現在は第一中学校仮設住宅で暮らしている。亡くなった長女千空さん＝当時（7）＝に語り掛けるような追悼の言葉に、すすり泣く参列者の姿も見られた。

同市では遠方からの参列に配慮し、震災2年を迎える11日に先立ち、日曜日に式を行った。

2013.3.12「古里離れ内陸から祈り　花巻でも避難者ら追悼行事」

東日本大震災の犠牲者を悼む式が全国で営まれた11日、花巻市内でも、各地で復興支援団体などによる追悼行事が行われた。沿岸部から同市に生活の拠点を移した人やその支援者らが参加し、震災で奪われた命の冥福を祈った。

このうち、花巻に転居した被災者や仮設住宅居住者の生活支援に当たっている「いわてゆいっこ花巻」は、同市愛宕町の妙円寺（林正文住職）で、追悼行事「勿忘《わすれな》の鐘」を実施。約80人が参列し、午後1時すぎから読経と焼香、献花、花巻詩人クラブ会長の照井良平さんによる追悼詩朗読、男声合唱団・響流《コール》はなまきの合唱などで犠牲者をしのんだほか、地震発生時刻の2時46分に合わせて鐘突きも行われた。

林住職は、参列者に「沿岸の方々は2年間、大変な日々を過ごしてきたことと思う。きょうの追悼法要で亡くなられた人との心の対話をし、これからの人生をどう生きていくか考えるご縁にしてほしい」とあいさつ。読経が響く中で行われた焼香では、参列者が献花台に花を手向け、それぞれが一心に祈りをささげていた。

このほか会場では、陸前高田市出身で花巻市在住の照井さんが、昨秋出版した詩集「ガレキの言葉で語れ」から、表題作や「ばあさんのせなか」など3編を朗読。古里に寄せる思慕を硬軟自在の言葉で語る照井さんの表現力が、多くの人の感動を誘っていた。また響流はなまきは、会員らが「精神歌」「川の流れのように」など4曲を巧みなコーラスワークで聞かせた。

釜石市の自宅が全壊し、花巻市の娘を頼って居を移した男性（68）は「発生から4～5日ほどで花巻に来ることができたのだが、2年たっても、状況はほとんど変わっていないと感じる。私は生まれ故郷に戻りたいが、津波で恐ろしい気持ちを味わった妻は（釜石に戻ることを）嫌がっており、どうしたものか悩んでいる」と、複雑な心情を吐露していた。

同日夕には、同市湯本の花巻温泉商店街と同市葛の花巻文化村で、犠牲者の霊を慰めようと、ろうそくによるライトアップを実施。幻想的な明かりに追悼への思いを重ねる人の姿が見られた。

WebNews 岩手日報

「被災地ニュース」より

2013.3.11「【大槌】遺族ら地域再生も願う　吉祥寺で合同法要」

震災から2年を前に、大槌町吉里吉里《きりきり》の吉祥寺（高橋英悟住職）で10日、東日本大震災三回忌合同法要が営まれた。遺族らは亡き人への思いを胸に静かに手を合わせ、冥福と地域の早期復興を祈った。

遺族ら約600人が参列。碇川豊町長、同寺護持会の東谷藤右エ門会長、吉里吉里中生徒会長の港川大成君（2年）が追悼の言葉を述べ、高橋住職らの読経の中、遺族が焼香した。

高橋住職は「皆さまの大切な人が安心するように、しっかり生きていこうと思いを新たにする日にしてほしい。力と心を合わせて前に進んでいきましょう」と語り掛けた。

2013.3.10「【釜石】亡き家族、友人の冥福祈る　震災犠牲者を供養」

釜石市箱崎白浜地区の震災犠牲者を供養する合同法要は9日、同地区の葬祭場で営まれた。震災から2年、悲しみを胸に住民らは家族や友人の冥福を祈った。

遺族ら200人を超える参列者が焼香した。同市鵜住居町にある常楽寺の藤原育夫住職が読経し、犠牲者36人の戒名と俗名を読み上げた。

藤原住職は「健康でいることが大切。仏と向かい合いながら、前に進んでいきましょう」と参列者に語り掛けた。

2013.3.12「【山田】慰霊碑建立し三回忌法要　千葉の妙蓮寺」

千葉県木更津市の妙蓮寺（竹村堅裕住職）は、山田町中央町に震災犠牲者を悼む慰霊碑を建立し10日、慰霊碑の前で三回忌法要を行った。震災発生から2年の日を前に、遺族が犠牲者に鎮魂の祈りをささげた。

同寺関係者や同町の仮設住宅居住者ら約30人を前に、竹村住職は「犠牲者を慰め、弔う心が復興につながる」とあいさつ。強風のため献花や焼香はせず、同寺の僧侶らが読経した。

同寺は、２０１１年5月から山田町で炊き出しをしたり、仮設住宅で折り紙教室を開くなど復興支援を続けており、今回の慰霊碑建設と法要はその一環。高さ約２・２メートルの慰霊碑は寺関係者から支援を募り、約１００万円で建立した。

2013. 3.12「【宮古】亡き人思い鎮魂の祈り　田老で護摩法要」

真言宗各派青年会の復興祈願柴燈《さいとう》護摩《ごま》法要は11日、宮古市田老のみなと公園で行われた。「まだ時は止まったまま」。ちょうど2年前、約１８０人の命が奪われた田老地区の遺族らが亡き人を思い、鎮魂の祈りをささげた。

岩手智山青年会（武田秀山会長）主催で、全国の若手僧侶ら約50人が田老に集結。ほら貝が鳴り響く中、護摩壇に火がたかれ、煙が天へと舞い上がった。

参列者は氏名や願いなどを記した撫《な》で木（護摩木）を護摩壇にくべ、静かに手を合わせた。

Kolnet 河北新報社

「3．11大震災―特集―」より

2013.3.12「新設の観音像前で法要　『よりどころに』　仙台・荒浜」

「祈りの塔」と名付けた観音像と慰霊碑が建立された仙台市若林区荒浜の集会場跡地で11日、東日本大震災の犠牲者を悼む三回忌法要が営まれた。

地元住民や一般参拝客ら400人以上が参列。約50人の僧侶の読経が青空の下に響く中で、犠牲者の冥福を祈った。

主催した荒浜自治会の山田昭男会長（81）が「悲しく苦しい時にはこの場所で静かに手を合わせてほしい」とあいさつ。午後2時46分に全員で黙とうをささげた。

遺族代表として、妻（62）、娘夫婦、孫娘（10）を亡くした沼倉雄三さん（83）が「立派な祈りの場を設けてもらった。心のよりどころとし、生活再建に向けて踏み出したい」と述べた。

観音像と慰霊碑は柴田町の石材店「紫雲堂」の全面協力で荒浜自治会が建立した。慰霊碑には、荒浜を含めた七郷地区の犠牲者190人の氏名と年齢を刻んだ。

観音像は11日午前に開眼式が行われた。紫雲堂の山田哲雄社長（63）は「観音像の前で祈りをささげる方を見ていて、建てて本当に良かったと思えた」と話していた。

2013.3.12「祈るあの日に　誓うこの日に　東日本大震災2年」

東日本大震災から2年の11日、多くの命が失われた東北の被災地は哀悼の祈りに包まれた。津波に襲われた街からがれきは消えても、大切な人を失った心の痛みは薄れない。午後2時46分。

家族や仲間とともに出席した追悼式で、あるいは一人で暮らす仮設住宅の部屋で、それぞれの面影はよみがえった。

◎感謝、涙　大切な人へ／名取・南三陸・石巻

「お母さんの子どもに生まれてくれてありがとう」「助けられなくてごめんなさい」

生徒14人が津波の犠牲になった宮城県名取市閖上中には、同中遺族会（丹野祐子会長）などの呼び掛けで約２００人が集まり、大切な家族や友人あてにメッセージを書いた風船を空に飛ばした。

参加者はサイレンを合図に黙とうした後、ハトの形をした風船を「伝書バト」に見立てて一斉に放った。風船は西風に乗り、一気に青空へ舞い上がった。

名取市の会社員桜井謙二さん（38）は、長女綾香さん＝当時（14）＝と次女愛香さん＝同（10）＝、妻めぐみさん＝同（36）＝の３人の名前に「ありがとう。君たちと家族になれて幸せです」との言葉を添えた。

建物の解体が進み、荒涼とした更地が広がる宮城県南三陸町志津川。入院患者や看護師ら74人が死亡・行方不明となった旧公立志津川病院跡地では、遺族や友人が手を合わせた。

「本当に何もなくなった。どこに花を置けばいいのか」。看護師岩淵洋子さん（53）＝宮城県登米市＝は寂しそうに語った。砂利を寄せ集めて線香台を作る遺族もいた。

石巻市門脇町に設置されている献花台には約３００人が集まった。実家の両親を亡くした主婦浅原美智絵さん（32）＝埼玉県上尾市＝は「悲しさとやるせなさは消えない。でも、泣いていた

ら両親が悲しむ。2人のように強く優しい人になりたい」と話した。

◎仮設で一人、夫しのぶ／気仙沼

午後2時46分、宮城県気仙沼市唐桑町の仮設住宅。吉田かきわさん（83）は津波の犠牲になった夫、栄治さん＝当時（80）＝の遺影に手を合わせた。

昨年は出席した市主催の追悼式を今回は見送った。「体が丈夫だったら出たのにね」

昨年秋にあった防災集団移転の説明会。寒い中学校の体育館で、ずっと座りっぱなしだった。具合が悪くなって、途中で救急車で運ばれた。以来、会合への参加は控えるようになった。「もう周りに迷惑は掛けられない。体調に自信がない」。地震発生時刻には、埼玉県から訪れた長女が代わりに唐桑地区の献花場に出向いた。

昼すぎ、親族に連れ添われ、栄治さんが眠る墓を訪ねた。花を手向けて伝えた。「2年がたったね。みんなが良くしてくれる。元気で過ごしているよ」

震災前に暮らしていた大沢地区では集団移転の計画が進む。かきわさんは移転先の災害公営住宅への入居を希望する。

予定地はかつて、栄治さんと山歩きした場所だった。栄治さんは『海が見える。別荘でも建てようか』と冗談を言って笑っていた」

夫の写真に話し掛ける。「お父さん、思いがけず願いがかなうね。早く一緒に移りたいね」

◎無人の故郷に思いはせ／福島・浪江

福島県浪江町は11日、東日本大震災の追悼式を役場移転先の二本松市で行った。町が福島第一原発事故で立ち入りできないための措置。町内は犠牲者を悼む人の姿もないまま「午後2時46分」を迎えた。

式には津波で亡くなった町民の遺族ら約200人が出席した。犠牲者は184人で沿岸部の請戸地区の住民が最も多い。同地区出身で祖母を亡くした高校1年門馬沙也加さん（16）が遺族を代表し「2年前は原発事故の避難で悲しむこともできなかった。日に日に『元気なばあちゃんはいない』と胸が苦しくなる」と語った。

祭壇には震災前の請戸地区を写した写真が貼られ、出席者は故郷に思いをはせながら祭壇に花を手向けた。

一方、この日の浪江町内は一時帰宅する町民もなく、静まり返っていた。請戸地区は青い空と広い海が広がって一見、祭壇の写真のよう。家のあった所には津波で流された船やがれきが積み重なっている。立ち入り禁止が続いて復旧工事が進まず、2年前の3・11のまま放置されている。

請戸地区の交差点に設けられた慰霊碑には、新しい花束と果物が供えられていた。この日はお参りに来る人の姿はなく、無人のまま2時46分を迎えた。
◎「悲劇繰り返さぬ」教訓を後世へ／釜石・鵜住居地区防災センター
東日本大震災で集まった市民が多数被災した岩手県釜石市の鵜住居地区防災センターで11日、追悼式があり、約300人の遺族らが祈りをささげた。参列者はいまだ生々しい記憶から、後世への教訓をつむぎだそうとした。

広大な更地の中にある防災センターは窓や天井が壊れたままで、今も津波の猛威を伝える。祭壇が設けられた2階の会場では、冷たい風が吹き込む中、僧侶25人の読経が響いた。

震災の前年に完成したセンターは本来、市の避難所ではなかった。完成後、センターを仮の避難所として避難訓練をしたことなどから、多くの住民が「安全」と思い込んだ。東日本大震災では最大２４３人が避難し、少なくとも１２９人が犠牲になったと推定される。

妊娠９カ月だった妻理香子＝当時（31）＝がセンターで亡くなった美容師片桐浩一（43）は涙をこらえながら「悔しい。（２人の人生も）背負って生きていく」と話した。

妻郁子さん＝同（63）＝を失ったセンター遺族連絡会長の三浦芳男さん（67）は「悲劇を繰り返さないよう、教訓を次の世代に語り継いでほしい」と強調した。

真の原因は何か。連絡会は第三者による検証を求め、市は準備を急ぐ。

参列した野田武則市長は「行政の責任を十分に果たせなかった」とあらためて謝罪し、安全なまちづくりへ教訓を生かす決意を示した。

連絡会の要請を受け、市はセンターを解体する方向で検討しており、センターでの追悼式は、ことしで最後となりそうだ。

minyu-net 福島民友

「震災・原発関連ニュース」「福島民友ニュース」より

2013.3.10「『復興こそ供養』みんなで暮らせる町取り戻す」

「どうか安らかに」。楢葉町と富岡町が９日行った追悼式。東日本大震災で家族を亡くした町民は、この2年間を振り返りながら静かに手を合わせた。「復興こそが一番の供養」「みんなで普通に暮らせる町を取り戻す」。震災で犠牲となった人たちに誓うかのような、未来に向けた決意表明も相次いだ。

楢葉町の震災犠牲者追悼式は町役場で行われ、津波による犠牲者の遺族や町関係者ら約70人が出席した。同町では波倉、山田浜、前原の3地区で13人が津波の犠牲になっている。式に出席した大和田和夫さん（56）は、母トキさん＝当時（83）＝を亡くした。「数日前、亡くなった母が夢に出てきて、うれしくて思わず抱きしめた。どうか安らかに眠ってほしい」と静かに話した。

松本幸英町長は式で「一日も早い復興と再生した町の姿をお見せすることが一番の供養になると考え、復興策を早期に進めていきたい」と式辞を述べた。

福島民報
「原発事故・大震災ニュース特集」より
2013・2.25「今を生きる　犠牲者の冥福と復興祈り　阿弥陀如来堂を建立　南海老墓地　関係者ら法要営む」
■鹿島区出身で静岡県吉田町在住　五條富子さん62
南相馬市鹿島区出身で静岡県吉田町在住の五條富子さん（62）は、古里の東日本大震災の犠牲者を慰霊するため同区の南海老墓地に阿弥陀《あみだ》如来堂を建立し、23日に法要を執り行った。

五條さんは津波で母と義姉を亡くした。震災直後から南相馬市、相馬市で支援活動を行っている。阿弥陀如来像は、義姉が乗っていた車を覆っていたケヤキを使った。吉田町の生涯学習センターで仏像彫刻講師を務める伊丹隆久さん（64）に仏像の制作を依頼した。像は鎌倉大仏と同じ姿で、高さ47センチ。今後、光背を制作するという。

お堂は高さ2・5メートル、1・5メートル四方の総ひのき造りで、屋根は銅版ぶき。地元の建築業小林幸記さん（68）が手掛けた。「東日本大震災慰霊　阿弥陀如来像」の石柱や土台は地元の鈴木石材店が工事した。五條さんが工事費訳200万円を用意した。

■津波被害の浜辺を一望

墓地からは、津波の被害を受けた南海老、右田の浜が一望できる。お堂のそばには桜の木もある。建立式では宝蔵寺の百田尊道住職が読経、参列者8人が焼香して犠牲者の冥福と地区の復興を誓った。

五條さんは「多くの同級生が犠牲になった。志半ばの人、悔いの残る人もいると思う。宗派が違っても浄土に迎えてくれる阿弥陀如来を祭り、冥福を祈りたい」と話した。

福島民報

「県内ニュース　主要」より

2013.3.21「古里復興先祖に誓う　彼岸の中日　墓石倒れたまま『申し訳ない』」

「彼岸の中日」の20日、東日本大震災と東京電力福島第一原発事故の被災地の寺院や墓地でも墓参りする家族や親戚らの姿が相次いだ。

原発事故の影響で今も日中しか立ち入りできない楢葉町の沿岸部近くにある大楽院にも町民ら

が避難先から訪れた。同院近くの自宅が津波で被災したためいわき市の仮設住宅に暮らす渡辺武さん（72）、妻美智さん（67）、長男秋男さん（42）は震災で倒れたままの先祖の墓に花と線香をあげ、静かに手を合わせた。

「墓石の修復は業者に頼んであるが、順番待ちでいつになるか分からない。先祖に申し訳ない」と武さん。震災前まで建築業と農業を営んでおり「いずれ戻ろうかなとは思っているが……。（除染やインフラの復旧など）全てにおいて急いでもらわないと」と複雑な表情で自宅の方向を見詰めた。

朝日新聞

2013.3.12「政府追悼式　被災3県遺族代表のことば（抜粋）」

◇7ヵ月の一人息子、直人ちゃんと妻由里子さん（当時27）を亡くした宮城県代表、西城卓哉さん（32）

「一日一日を生きることがこんなにも大変なことだったのかと、過ぎ行く時間の重さを感じ続けた2年でした。自分は何のために生きているのだろう。何度も同じ疑問が浮かんでは、そのたびに息が詰まり、答えを出せずにいました。それでも、ひとつだけ確かなことは、あなたがいた私の人生は幸せだったということです。自分に残された年月をかけて、愛する2人の人生の続きを、私が歩んでいこうと思います」

◇避難中に一緒に津波にのまれ、母ゆかりさん（同42）を亡くした岩手県代表、山根りんさん

(18)
「私はあの日より、少しだけ強くなりました。母への想《おも》いと残された家族や友人、多くの方々の支えがあったからです。親孝行もできませんでしたが、自分らしく活きることが恩返しだと思っています」

◇妻一子《かずこ》さん(同57)を津波で失った福島県代表、八津尾《やつお》初夫さん(63)
「住宅の再建、放射能不安など、前が見えませんが、本日を一つの節目とし、緑豊かな、子供たちの歓声がこだまする故郷再生に努力していくことをお誓い申し上げます」

これらの言葉には、追悼の祈りと復興の願いとを重ね合わせる思いが溢れている。それらは、〈かけがえのないもの〉への思いに溢れたそれら自身〈かけがえのないもの〉である。そのようなものとしてのこれらの言葉の一つひとつは、あらゆる解釈を超えており、ここで何らかの解釈をすることはできない。できることがあるとすれば、ただこれらの言葉を引用し、これらの言葉に耳を傾けることにすぎない。そしてそのような引用によって、追悼の祈りと復興の願いとを重ね合わせる思いに寄り添うためのよすがとしたい。そこで問われるのは、これらの言葉の思いをどのような思想的な営みにおいて根拠づけるかということである。この点について、以下『般若心経』を手がかりに考えることにしよう。

第4章　『般若心経』

1　『般若心経』への接し方

本書では、宗教的な営みのもとでの思想的な営みの意味を明らかにするための手がかりとして『般若心経』を取り上げたい。先に挙げた東日本大震災の記録における例のように、宗教的な営みにおける読経の際、おそらく『般若心経』が経典の主要な一つとして用いられたのではないだろうか。この経典は、生き残った人びとが亡くなった人びとに追悼の祈りを捧げつつ、復興を目指して生きていくための支えにもなっていると思われる。

経典の読誦が追悼の祈りと復興の願いとを重ね合わせる働きをすることは、例えば『般若心経』の「真言」とされる部分に示されている。すなわち、とりわけこの部分は、追悼の祈りと復興の願いとを重ね合わせることを表しているように思われる。

この部分は、まずとりわけ亡くなった人びとに向けた言葉にふさわしい。それは、正規のサンスクリットではなく、俗語的用法であって種々に訳し得るが、決定的な訳出は困難であるという。本文の内容を総括的に神秘的に表出するものであるからとして、古来、「不翻（翻訳しない）」とされているそうであるが、参考のためとしてかかげられた訳（中村・紀野訳36参照）は、願いの成就を祈って、咒の最後に唱える秘語スヴァーハーとともに亡くなって「彼岸」に往く人びとを見送る追悼の祈りの表現となるのではないだろうか。これを唱えることで、亡くなった人びとの無念の思いに寄り添い、これらの人びとを失った悲しみに耐えるのであろう。このように、追悼の祈りとして読誦するという仕方で『般若心経』に接するというこの経典の日本での在り方も理解することができる。

往ける者よ、往ける者よ、彼岸に全く往ける者よ、さとりよ、幸あれ。（中村・紀野訳15）

また、次のようにも訳されるが、この場合は生きている人間自身が自らに、そして他の人びとに「さとり」へと向かうように促すものとして捉えることができるかもしれない。本書の文脈で言えば、復興の願いの表現としての働きである。いずれにしてもparamita（到彼岸）という語の通俗語源解釈にしたがっているというが、読誦するのは大部分一般人であることを考慮すれば、その思いに応えることになっていると言えよう。

往けるときに、往けるときに、彼岸に完全に往けるときに、さとりあり、スヴァーハー。
（中村・紀野訳37）

ダライ・ラマ十四世の指摘

この点で、『般若心経』への接し方が日本とチベットとでは異なっていることについてのダライ・ラマ十四世の指摘が参考になる。

ここで注目に値するのは、日本での接し方においては『般若心経』が「葬儀の際よく朗唱され」るのに対して、チベットでの接し方においてはこの経典は「生きた智慧」であって生きている人間のための教えとされているという点である（註6）。

日本では、この経典は亡くなった人のために葬儀の際よく朗唱されますが、チベット人にとっての『般若心経』は、すべての現象には実体がない、という空を理解するための生きた知恵なのです。そして、どうすれば私たちの日々の生活の質を改善し、よりよく変えていくことができるのかを説いているこの教えは、私たちに力と希望を与えてくれます。（ダライ・ラマ十四世／茂木2011：「日本の読者の方へのメッセージ」）

その教えの核心は「空」を理解することにあり、これを通じて自分が苦しみから解脱するという願いとともに、命あるすべてのものたちを同じ苦しみから解放するという願いも生まれるという。

『般若心経』には、苦しみを取り除き、より幸せに生きていくための教えが説かれています。空について考えると、煩悩の汚れをなくすことができるのであり、「苦しみの止滅の境地が存在す

> るという真理」（滅諦）が示しているように、苦しみを完全に滅することは可能なのだと確信することができます。
>
> つまり、空の見解によって、苦しみを断滅した解脱の境地が存在することを理解し、解脱に至ることは可能なのだと知ったなら、何としてでも苦しみにあふれた輪廻から解脱したいという心からの願いが起きてくるのです。
>
> そして、煩悩という障り（煩悩障）を滅した解脱の境地が存在するのなら、一切智を得ることを妨げている障り（所知障）をも滅した完全なる仏陀の境地も存在することが理解できるのであり、そのような一切智の境地に至りたいと心から願う気持ちも起きてきます。
>
> このようにして、自分自身が苦しみから完全に自由になることができるのだということを理解したならば、自分と同じように苦しみにあえいでいるすべての命あるものたちを、苦しみから解放してやりたいと願う慈悲の心が芽生えてくるのであり、この心を「菩提心」と言います。
>
> ですから、空の見解は、輪廻からの解脱を願う「出離の心」と、すべての命あるものたちを救いたいと願う「菩提心」を起こすための源となっているのです。（ダライ・ラマ十四世／茂木2011：123-124）

こうして『般若心経』の教えは、一人ひとりの人間の人生および人間相互の関係における幸せのための実践的な教えであることになる。つまり、この経典を読誦することは日本流の在り方にしたがって追悼のために祈ることにばかりではなく、チベット流の在り方を参考にすれば、復興を目指して生きていくことにも合致するであろう。ただし、ここでの日本流の在り方というのは、その読誦も葬儀のときだけに行われるというわけではないであろう。それをごく普通に日常生活の中で行ったり、写経をしたり、黙読したり、日本文化の伝統の中で伝えられ一般的にも知られている玄奘訳ばかりではなく、それ以外のいろいろな訳文を読んだり多様な在り方をしていると思われる。この経典の解説を含めれば、非常に多数の出版が行われており（幸津 2007 参照）、相当の強い関心が日本においては一般人の中に認められるであろう。葬儀の際に読誦されるのも、そのような一般的な関心の上に成り立っているのであろう。それは、必ずしも宗教的な営みとしての意味を持っているというわけではなくて、むしろいわば思想的な営みとして関心の対象になっていると言えよう。そこで問われるのは、どのような文脈で一般人の立場にこの経典の教えが対応することができているのかという点である。

2 「色即是空　空即是色」についての解釈

『般若心経』において示される立場とは「空」の立場である。この空の立場から見て東日本大震災はどのように捉えられるのだろうか。この経典においては、当の立場は周知のように「色即是空　空即是色」という対句において示される。もし、空の立場のうちに本書の問いへの答えが見出されるとすれば、その答えはこの対句において見出されるであろう。つまり、追悼の祈りと復興の願いとを重ね合わせる思想的な営みがこの対句のもとで可能になるのではあるまいか。そこで以下、この対句について論究しよう。

「色」・「空」について中村・紀野訳註（同21）から引用する。

「色」：原語ルーパの訳。「物質的現象として存在するもののこと。」ルーパは『形のあるもの』を意味する。」

「空」：原語シューニヤターの訳。『なにもない状態』というのが原意である。」「物質的存在は互いに関係し合いつつ変化しているのであるから、現象としてはあっても、実体として、主体として、自性《じしょう》としては捉えるべきものがない。これを空という。しかし、物質的現象の中にあってもこの空性を体得すれば、根源的主体として生きられるともいう。この境地は空の人生観、すなわち空観の究極である。」

この経典が読誦されるごとに、この対句において「空」の立場が示されるであろう。この立場の境地は、とりわけ今回の被災から復興に向けて人間として生きることにおいて人間相互の関係を含む人間と自然との関係の変化を全体として捉え、一人ひとりの人間にとって自分自身との関係をそのうちに位置づけることによって「体得」されるのであろう。では、このように当の境地を「体得」することが一人ひとりの人間にとってはどのようにして可能になるのだろうか。そのためには、この境地に到達する実践が不可避的であろう。

この実践は、或るものを「実体」のないものとして捉えるのかどうかにかかっている。

では、このように捉えるのは誰なのかが問われよう。この問いに答えるために手がかりになるのは、

「実体」のないものとして捉えられる「五蘊《ごうん》」は「物質的現象」としての「色」と「精神作用」としての「受想行識」とに分けられるということである（註7）。

そのとき、人間は独自の存在性格を持つであろう。すなわち、人間はこれら二つを同時に備えるものとして捉えられ、そのようなものとして「色」でありつつ、その「受想行識」において自己と世界との関係を構築する。すなわち、そこから人間は人間として存在する限り、「五蘊」である「一切の存在」としての「色受想行識」全体を、それ自身の「色受想行識」において、「空」として捉えることをその特有の働きとしていると言えよう。

その働きには、何らかの〈主体〉が想定されるであろう。その〈主体〉とは、人間であろう。すなわち、まずその身体としての「色」であり、そしてとりわけおそらく一つのまとまりにおける「受想行識」としての「心」であろう。人間が「空」の境地に達した状態においては「心」を覆うものがないという。

> 諸の求道者の智慧の完成に安んじて、人は、心を覆われることなく住している。心を覆うものがないから、恐れがなく、顛倒した心を遠く離れて、永遠の平安に入っているのである。（中村・紀野訳13。ここでの訳文の主語を「人」とするのはサンスクリット原典の一つの解釈である。この点の解釈をめぐる論点については涌井 2002:99-103 に詳しい。）

人間としての「心」の働きをこの「永遠の平安」にまで到達させることが人間の課題として空の

立場から捉えられるであろう。眼前に存在するものを「物質的現象」として捉えることができるならば、すでに人間は存在するものを「実体」あるものとして捉えることから免れている。つまり、〈主体〉として人間は、存在するものの「空性」を洞察していることになり、そのことによって「根源的主体」として生きられるわけである。

『般若心経』はこの空の立場について三段にわたって説いている。

第一段：この世においては、物質的現象には実体がないのであり、実体がないからこそ、物質的現象で（あり得るので）ある。（玄奘訳には欠けている）

第二段：実体がないといっても、それは物質的現象を離れてはいない。また、物質的現象は、実体がないことを離れて物質的現象であるのではない。（玄奘訳：「色不異空　空不異色」）

第三段：（このようにして、）およそ物質的現象というものは、すべて実体がないことである。およそ実体がないということは、物質的現象なのである。（玄奘訳：「色即是空　空即是色」）（中村・紀野訳11）

これら三段の意味について、中村・紀野訳註を手がかりに考えよう。焦点は、第三段（玄奘訳では原文第一段が省略されているので訳としては第二段になる）にある。

第一段について

この段について中村・紀野は言う。

物質的存在をわれわれは現象として捉えるが、現象というものは無数の原因と条件によって刻々変化するものであって、変化しない実体というようなものは全然ない。また刻々変化しているからこそ現象としてあらわれ、それをわれわれが存在として捉えることもできるのである。（中村・紀野訳25）

ここでは、原理としての空の立場がすでに直観的に捉えられたものとして前提されている。その際、「物質的存在」を「現象」として捉えるかどうかは、定義の問題であろう。「現象」が「刻々変化するもの」であるとするならば、これに対して「変化しない実体」というものが想定されることは理解できる。確かに「変化しない」ものは存在せず、それを「実体」と定義するならば、「刻々変化するもの」は「現象」であることになるであろう。「物質的存在」が「刻々変化しているからこそ現象としてあらわれ」と、「現象としてあらわれ」る理由をこの「変化している」ということに求めるのは定義上当然である。ただし、「変化している」という理由から「それ」（「現象」と読む）を「われわれが存在として捉えることもできる」というのはなかなか理解することが難しい。というのは、「現象」と「（物質的）存在」とは必ずしも結びついているわけではなくて、「われわれ」が両者を結びつけるにすぎないからである。

その場合、或るものを〈存在〉として捉えよう。本書では、訳者による「物質的現象として存在するもの」「物質的存在」という原語ルーパの規定を参照した上で、「現象」と「実体」との対比からは離れて一般的な意味で〈存在〉という語を用いる。すなわち、この語はあらゆるものにおいて用いられる。この用語法は、一般人の立場からも受け容れることができよう。そのような捉え方においては、この或るものを必ずしも変化しない「実体」として捉えているわけでも、変化するにせよ「現象」として捉えているわけでもない。そうではなく、それがそれなりに一定の〈形〉を取っていると捉えているにすぎない。

〈形〉という語について本書では、原語ルーパが意味するものとしての「形のあるもの」という規定を参照した上で、この語を次の仕方で用いる。すなわち、或る〈存在〉の〈形〉の変化に注目するという仕方である。この用語法も、一般人の立場から受け容れることができよう。この用語法のもとでは、或る〈存在〉が「刻々変化している」こととは当の〈存在〉の〈形〉が変化しているその変化の仕方について述べていることになる。このような捉え方は、「現象」と「実体」とを対比させる捉え方とは別のものである。というのは、われわれが空の立場を取る以前の人間あるいは空の立場とは異なる立場を取る人間つまり一般人であるとすれば、ここでは「現象」と「実体」とを対比させる捉え方は一般人の捉え方とは異なってすでに空の立場を前提にしていると言わざるを得ないからである。

ところで、〈かけがえのないもの〉として〈形〉を捉えたらどうなるだろうか。それは、空の立場からは「実体」にこだわることとして否定されるかもしれない。しかし、一般人の立場においてそのようにこだわることがあるのではないだろうか。すなわち、一般人にとってのわれわれにとっては、

〈形〉として捉えた〈存在〉のうちの特定の〈存在〉をその固定された〈形〉においてほとんど〈かけがえのないもの〉としてこだわるということがよくあることであろう。

例えば、『般若心経』大本（後述参照）で空の立場について説くべき対象として取り上げられている「若者」・「娘」の場合が分かりやすい。一般に「若者」・「娘」が青春映画などで描かれるように趣味を含む多様な文化・スポーツ活動などにひたむきに取り組んでいるその姿は、〈かけがえのないもの〉が彼らの人生で彼らにとってそのときにしか体験することのできないものであることを感じさせるであろう。たとえ、それが「現象」にすぎないと言われるとしても。そこでは、一般人にとって不可避的な仕方での真摯な〈主体〉の形成が行なわれているのではないだろうか。

もちろん、部分化されない全体としての〈存在〉を捉えることができないことは往々にして生じるであろう。というのも、一般人には全体としての〈存在〉を一定の〈形〉において捉えることは困難であって、ほとんど目の前にあるものにこだわること以外にできることはないように思われるからである。目の前にあるものへのこだわりによってそれなりに捉えることが可能であるような〈形〉は、おそらく全体としての〈存在〉ではなくて、ただ部分的であるにすぎないものに止まるであろう。しかし、そうであるにもかかわらず、真摯な〈主体〉の形成に関してはなお可能性があり、そこには全体としての〈存在〉との出会いもありうるのではないだろうか。少なくとも〈存在〉の一つとしての〈主体〉は、その働きにおいてそのとき・ところにおいては全体として他の〈存在〉に対して関わっているであろう。そのとき、他の〈存在〉の〈形〉が部分ではなくて全体であるのかどうかは、当の他の〈存在〉との関係の在り方が示すであろう。

この関係のもとにある〈主体〉にとって、とりわけ当の他の〈存在〉が失われてはじめて、他の〈存在〉を固定された〈形〉において部分的にしか捉えていなかったのではないのかどうか、つまり〈主体〉自身にとって他の〈存在〉が部分化されない全体としての〈かけがえのないもの〉であるのかどうかが痛切に分かるであろう。そして、たとえまれなことであれ、〈主体〉が真に〈かけがえのないもの〉としての他の〈存在〉と関わることもありえよう。

そのときには、他の〈存在〉にその〈形〉を通して関わる〈主体〉がこの関係の在り方への根本的な反省によって空の立場に達することもありうるのではないだろうか。おそらく一般人にとっても、次のように納得することができるようになるであろう。すなわち、そこに〈主体〉の形成そのものをより発展させる方向があり、その方向に進むためには空の立場が不可避的である、と。

同じく金岡は言う。

可視的なものすべては実体なく、永久の眼から見れば非有であることを示す。ひとはこれによって、五感に訴える現実が、決してそのまま真の存在でも、よりどころでもないことを知る。

（金岡校注 88-89）

ここで問われるべきことは、「永久の眼」がどのようにして獲得されるのかということである。これを前提するならば、確かに「ひと」は「可視的なもの」が「非有」であることを「知る」であろう。しかし、このことを前提することができないということがそもそもここで教えが説かれなければならない理由であろう。

一般人は、どんなに「可視的なもの」は「非有」だと言われても、その「ひと」にとってそれが〈かけがえのないもの〉である限り、そこに「真の存在」・「よりどころ」を見出すことを断念することはできないのである。

それ故、ここで前提された事柄について一般人の立場から論究する必要があろう。そこで本書の論究は、空の立場を信じることがどのようにして成立するのかを明らかにしようとすることに向かうであろう。というのも、一般人にとっても空の立場の主張が納得できるものであるのかどうかが、その〈主体〉の形成にとっての根本的な関心事になりうるだろうからである。おそらく、このような必要が空の立場自身の側からも捉えられて、空の立場がここでの三段にわたる叙述において分節されるのであろう。そのようにして、当の空の立場自身の存在理由が次のように示されるのである。すなわち、空の立場から見れば、空の立場以前に位置づけられる立場つまり一般人の立場に立つ人間に対して働きかけ、納得させて、空の立場を取るように促すということである。

第二段について

そこで第二段を検討しよう。この段について中村・紀野は言う。

この第二段は第一段の思想的表現である。われわれとしては、実体がないという混沌とした主客未分の世界を、唯一のもの、全一なもの、一即一切一切即一なるものとして、実感の上で摑まなければならない。しかしそのためには、現象にまず眼を向け、仮にこれを頼りとし手掛りとして行かなければならない。現象は、実体がないことにおいて、言いかえると、あらゆるものと関係し合うことによって初めて現象として成立しているのであるから、現象を見すえることによって、一切が原因と条件によって関係し合いつつ動いているというこの縁起の世界が体得できるはずである。しかし、そのためには、例えば、仮に、この私という現象を動かぬものと仮定して置いて他との連関を見なければならない。そのとき、この私という現象が、常に私でない他のものたちによって外から規定されつつ、現在の私とは違った私、私でない私に成りつつあることが理解される。つまり理論的に言えば、一切のものは、絶えず自己に対立し自己を否定するものによって限定されるという関係に立ち、限定されることによって自己を肯定して行く働きを持っていることが理解されるのである。これがこの第二段の持つ意味である。(中村・紀野訳 25-26)

ここでは、「現象」が「現象」として成立するには「あらゆるものと関係し合う」ことが前提になっている。このことは、すぐ次に言われていること、つまり「一切が原因と条件によって関係し合いつつ動いているというこの縁起の世界」と同じことを指していると思われる。そうであるとすれば、「現象」について述べる際にはすでに後者の「縁起の世界」における「関係」についての原理的な立場が前提されていると言わざるを得ない。しかし、「現象」という概念を受け容れるとしても、当の「現象」自身にとっては「あらゆるものと関係し合うこと」が前提として成立しているのかどうかは別問題であろう。

ここでは、「現象」のうちの特殊な〈存在〉である人間の場合を想定しよう。そのような場合の一例を挙げよう。すなわち、次に来る文章におけるように、「私」が「現象」として捉えられている。ただし、「縁起の世界を体得できるはずである」として、「しかし、そのためには」と述べる文章における「そのため」という意味が不明である。「仮に」として「この私という現象を動かぬものと仮定して置いて」とは、先に述べたように、〈存在〉が一定の〈形〉を取らざるを得ないということに他ならないであろう。この一定の〈形〉を取るということを前提するならば、ここで「他との連関」を見るというのは、理解できないわけではない。さらに「この私という現象が、常に私でない他のものたちによって外から規定され」るということも理解できる。というのは、個々の〈存在〉が一定の〈形〉を取っているということは当然他の〈存在〉からは区別されていること、したがって「他のものたちによって外から規定され」ていることを意味するだろうからである。

この点には、空の立場とは異なる一般人の立場を取る人間にとっても、「私」という規定を通して空の立場を理解できる可能性が見出されるであろう。つまり、「私」という〈存在〉は、「他との連関」において「私」であることを超える可能性があるわけである。というのは、ここでの「他との連関」において「私」は「他」とどのような関係を作るのかを決めることができるからである。すなわち、「私」は「他」とどのような関係をも作ることができるのである。つまり、そこでは「私」が「他」を一方的に支配する関係を作ることもできるし、またそれとは反対に相互的な関係を作ることもできるし、さらに「私」が「私」であることを超えることもできると考えられるのである。ここに二つの立場の接点があると言えよう。

しかし、その次に来る文章は理解することが難しい。すなわち、「現在の私とは違った私、私でない私に成りつつあること」がどのようにして「理解される」のであろうか。これを「理解」するのは誰であろうか。これが「現象」自身によって理解されることは困難であると思われる。というのは、「他との連関」において一定の〈形〉を取った〈存在〉はその〈形〉が否定されるときには、すでにそれ自身ではないであろうからである。「私」が当の〈形〉における「他との連関」、つまり〈かけがえのないもの〉としてのこの「他」にこだわらなくなるとき、「私」としての〈存在〉は「他との連関」から離れるのだから、もはやそれ自身ではなくなり、まったく別の〈存在〉になるであろう。しかしながら、それを「私ではない私」と理解するのは難しい。というのは、第一の「私」ではないものをふたたび「私」と呼ぶ仕方で理解するためには、「私」という「仮定」そのものが第一の「私」という意味に限定されており、この仮定が否定されなければならないからである。

そもそも「私」の立場から「他との連関」を捉えることは、いわば「私」中心主義であろう。そしてこの「私」を集団的に見れば、そこでの「他との連関」の捉え方は人間の側からのみ「他」を捉える人間中心主義に基づいていると言わざるを得ない。これに対して、空の立場はあらゆる〈存在〉を同等のものにする。すなわち、あらゆる〈存在〉が同等であるということは、それぞれの〈存在〉は中心でありうるということである。このことによって、あらゆるところに中心があることになる。ということは、実はどこにも中心が存在しない！　ということである。すなわち、空の立場においては、あらゆる中心主義が超えられているのである。

ここで触れられている「一切のものは、絶えず自己に対立し自己を否定するものによって限定されるという関係に立」っているということは、まさにどこにも中心がないということであろう。「一切のもの」あるいは個々の〈存在〉自身にとっても、それらの相互の関係は、「私」を中心として「他との連関」を捉える立場と同じであるとは言えない。ここでの〈存在〉は「私」である人間に限られるものではないことは言うまでもない。すなわち、「私」である人間は世界の外側に立ち、そこから世界を一方的に支配しようとすることがある。「私」がこのような世界との関係にこだわるのは、人間というものにとってほとんど不可避的であろう。そして、そのこだわりは世界を現実に支配している。その点が〈存在〉の中で人間の特殊な存在性格をなしているのである。ただし、その点を超える可能性がないわけではない。というのも、「私」と「他」との関係あるいは一般に世界との関係は逆に「私」が世界によって規定されており、したがって否定されているということを意味するからである。その場合でも留意する必要があるのは、「私」はあくまでそのように否定される「私」であって、「私ではない私」にはならないであろうということである。「私ではない私」が生じるには、「私」が「他」(人間以外のものをも含めて)と相互的な関係に立つことが不可欠であろう。しかし、このことは人間中心主義には不可能なことである。

したがって、「私」が「私ではない私」になるというのは、一つの原理的な立場を前提してはじめて言いうることであろう。つまり、『限定されることによって自己を肯定して行く働きを持っていること』を理解できるということは、空の立場を前提してはじめて可能であろう。そこには「私」である人間にとって容易に超えられない溝がある。むしろ「私ではない私」と言うよりは、「私」の否定にもかかわらず、「私」は「私」であるということが存続すると理解しなければならないであろう。

ここで言われていることは、「理論的に言えば」とされているにしても、結局空の立場を前提した上での表明であろう。すなわち、それは空の立場を実践的にも取ることによってのみはじめて言うことができるのではないだろうか。

この点をめぐって、第二点についての金岡の解釈は示唆的である。すなわち、「もの」はわれわれの「経験」において働くという。「ものの本質は非有であっても、その非有なるものは、われわれの経験に働きかける力はもっている。」（金岡校注89）「非有」なるものが「われわれの経験に働きかける力はもっている」というのは、それがそれなりに少なくともわれわれにとっては〈存在〉として眼の前にあるということである。つまり、われわれにとっても「経験」のうちで「働きかけられる」ということが感じられるのかもしれない。そのとき、この「経験」のうちにある「われわれ」とは誰かが問われよう。この「われわれ」は、さしあたりは先の「私」と同じ次元にあるが、「働きかけられる」ことによって相対化され、したがって否定される。そのことによって「われわれ」はそれまでとは別の世界との関係のうちにあるということが「われわれ」自身によって納得されるであろう。この「経験」自体が把握されるのが第三段である。

第三段について

第三段について中村・紀野は言う。

この段は第一・第二段が体験的に摑まれた世界である。言葉によって説明しようとすれば前段に全く同じであるが、生きた体験として実感の上で確実に摑まれた世界であるから、第二段とは千里を隔てている。（中村・紀野訳26）

ここでは、まさに原理的な立場の実践そのものについて述べられているのであろう。すなわち、「体験的に摑まれた世界」とはそのように「体験」する〈主体〉によって捉えられた「世界」である。ここでは、〈主体〉と世界とは相関的である。すなわち、〈主体〉が〈主体〉自身を世界との関係においてまさに「体験」しているのである。そこには、そのようにする〈主体〉の態度決定が前提されるであろう。あるいはここに見出されるのは、そのような態度決定そのものである。それは、世界と一体化した〈主体〉であろう。この〈主体〉のうちに果たして第二段における「私」という「現象」が存在するのかどうかは問われるべきことである。

第三段についての金岡の解釈もほぼ中村・紀野のそれと同様である。この段における「世界」とは何かについて述べられる。

世界はもはや思弁の世界ではない。「空」そのものに生きることである。（金岡校注89-90）

金岡は先に引用した中村の文章を引用している。その上で『般若心経』における第三段に続く文言に結びつけることで、ここでの事柄が「体験」のうちにあることを理解させる。

体験に生きる空であるから、言葉を改めて、「受（印象作用）も想（表象作用）も行（意志と行動）も識（意識）も同じである」と、前段まで色という対境の空なることを表わしたものを、受・想・行・識という主観の四つの働きの空なることであらわし、主・客ともに執着を離れて、はじめて自由自在の世界に働くことを示したのである。（金岡校注90）

この解釈に従うならば、〈かけがえのないもの〉であってもそれに「執着」することは「自由自在の世界」にはいられないということになりそうである。しかし、「色」に、つまり一般人の立場から言えば〈存在〉の一定の〈形〉に「執着」することにはそれなりの現実的な根拠がある。この根拠に基づいて、一般人は〈主体〉として形成されるのである。これを空の立場から否定するのは、空の立場自身を狭いものに限定することになろう。それ故に「執着を離れ」ることを求める際には、空の立場を一般人の立場と関係づける必要があろう。そのとき、「執着」される対象としての「色」は真に〈かけがえのないもの〉なのかどうかが問われているのである。

この場合「執着」される「色」とは、一般人の立場からすれば、「私」にとってただ一方的に固定された「他」の〈存在〉の〈形〉ではないだろうか。そこには「私」の側からの「他」に対する一方的な支配関係がある。そのような関係のもとでは、「私」は「他」の〈存在〉の固定された〈形〉にこだわることはありうるであろう。しかし、それが果たして〈かけがえのないもの〉であるのかどうかが問われなければならない。というのは、そのとき「私」は「私」として真摯に〈主体〉の形成を追求していることに変わりはないのだが、しかし「他」に対して一方的に「他」とされている〈存在〉を一定の〈形〉に限定して捉えているにすぎないからである。ところが、当の「他」とされている〈存在〉は一定の〈形〉を超えているのである。つまり、「他」の〈存在〉は一定の〈形〉という部分に限定されているのではなくて、その全体としての〈形〉における〈存在〉なのである。

そのような関係のもとではなくて、「私」と「他」との関係が相互にとって受け容れられたとき、「私」と「他」とは相互にとって〈かけがえのないもの〉になるであろう。このとき、〈主体〉と世界とが一体化している。そして「執着」によって一方的に固定された〈形〉は否定されるであろう。ただし、一般人においては〈存在〉の固定された〈形〉がほとんど〈かけがえのないもの〉として捉えられることもありうる。その場合、「私」と「他」との関係が相互にとって受け容れられるのかどうかが吟味されるであろう。この関係が相互に受け容れられたとき、つまり〈存在〉の固定された〈形〉が否定されたとき、この「体験」において〈存在〉はその〈形〉を変えざるを得ないのではないだろうか。すなわち、〈存在〉の〈形〉は一方的に固定された〈形〉から、相互にとって〈かけがえのないもの〉における〈形〉へと変わるのである。一般人である「私」の〈主体〉としての形成が真摯に追求される限り、この〈存在〉としての「私」自身が〈形〉を変えるわけである。そのとき、同じく「他」の〈存在〉は部分から全体へとその〈形〉を変え、〈かけがえのないもの〉になるのであろう。

ここでの事柄が「体験」に生きることである以上、それは「主観」において生じているということが理解される。ここで問われるのは、「体験に生きる」とされている「主観」がどのようなものなのかということである。この「主観」も「体験」以前には先の「私」と同じものであろう。しかし、「私」が固定された〈形〉にこだわるのに対して、ここでの「体験」においては「主観」は自らの〈形〉が変わることを受け止めるのである。つまり、先の「私」は「私ではない私」になるのであろう。

三段についての解釈のまとめ

ここでの三段からなる文章において問われているのは、中村・紀野の解釈に沿ってまとめれば、次の点である。すなわち、「私」に見られる「現象」という「色」が「空」であることをどのようにして「実感の上で」摑むのかという点である。第二段の説明によって「私」のそれなりの現実性が示された。ここに空の立場と一般人の立場とに一定の共通性があるということが理解される。つまり、一般人の立場は開かれており、空の立場に対してはそれに反する態度を取ることもできるし、また逆にそれに合致する態度を取ることもできるのである。その現実性は、「私」というものについてこれが「動かぬものと仮定」するというところに見出されるであろう。そこには確かに「動かぬもの」としての「私」が存在している。確かに一般人はこのように「私」に執着し、したがってその「私」から見て「他」のものにこだわることもある。そうであるとすれば、「仮定」されたものがある限り、そこには前提された空の立場そのものとは異なる立場もあるということになるであろう。その立場とは、ここでは「現象」とされ、あるいは「私」とされる立場である。

ただし、ここではそれはそのように「仮定」されたものである。そこからただちに問われるのは、このように「仮定」するものは誰かということである。そこには、すでにそのように「仮定」する

〈主体〉が前提されている。すなわち、「私」を「私」とする誰かが存在するにちがいない。この誰かとは、「空」を捉えた〈主体〉に他ならない。それは、「私」とは区別される〈主体〉であろう。このように捉えるとするならば、「私」と〈主体〉とは異なっていることになる。このように表現することによって、事柄を「実感の上で」摑みつつある〈主体〉を捉えることができるであろう。

このように言えば、すでに空の立場が前提されていることになる。しかし、またここに別の問いが生じる。すなわち、この〈主体〉と空の立場とはどのように関わるのかという問いである。この問いに対しては、次のように答えることもできよう。すなわち、この〈主体〉とは空の立場に立つ〈主体〉であり、したがって両者は一つである、と。しかし、そのように簡単に言うことはできない。というのは、この〈主体〉は「私」を「私」と捉えるという限りで「私」とは区別されるものの、「私」という次元から完全に離れているというわけではないからである。すなわち、この〈主体〉は空の立場から促しを受けて、「私」であることを相対化することはするけれども、そこから離れているというわけではなく、その相対化の中で格闘しているのである。そこでは〈主体〉はこの相対化を課題として立て、これを追求している。したがって、〈主体〉は空の立場へと「私」の次元を乗り越えたのではない。つまり、この〈主体〉自身にとって空の立場は必ずしも自分のものとなっているというわけではない。そこには空隙があると言わざるを得ないのである。

この点は、「色即是空」「空即是色」における「即」の在り方のうちに示されると思われる。というのは、「即」と言われるのは「色」と「空」との関係について言われているのであるが、この関係についてこれを「即」として捉える〈主体〉がそこには現前しているからである。

「色即是空」「空即是色」と言われるとき、そこでの「即」とは何かが問われる。ここで興味深いのは、サンスクリット原文における当の文章が関係文であるということである。すなわち、

色であるもの　それが空性である。空性であるもの　それが色である（『サンスクリット入門』涌井訳 84-85, 122, 146-149）

見られるように、サンスクリット原文では「色であるもの」・「空性であるもの」は関係代名詞「もの」によって導かれた関係文である。関係文であることを強調するならば、これらは、「色であるところのもの」・「空性であるところのもの」となろう。これらがそれぞれ「それ」という指示代名詞で受けられている。（玄奘訳を書き下し文にした限りではサンスクリット原文が関係文であるということが分かりにくい。この点を論究するためには漢文の構造についての知識が要求されるが、筆者の能力を超えているので論究することを断念せざるを得ない。）

このような関係文から示唆されることは、次のことである。すなわち、「色」と「空」との両者を「即」という表現によって結びつけることには、両者の関係を「即」とするもの、つまりサンスクリット原文では上の関係文を立てるものが存在しなければならないということである。それは、両者を「即」という表現によって結びつける〈主体〉であろう。この〈主体〉とは、ここで表明されている原理そのものとは別のものを意味するであろう。その限りでそれは、ここでの原理としての「空」とは異なるものであろう。つまり、この〈主体〉とはここで「空」と名指された事柄をそのように名

指すことをその働きとするものである。そのように名指すこととは、ここで表明されている原理を「空」と捉える〈主体〉の働きであることになる。

3　不可欠な実践の〈主体〉

ここで一つの問題が生じる。すなわち、ここでの原理としての「空」とこれを捉える〈主体〉とは相互にどのように関係するのかという問題である。なるほど原理が「空」として捉えられるならば、そのように捉えることによって、すでに空の立場に到達したということになる。あるいは、空の立場が実現していることになる。しかし、そのように言うことによっては明らかにならないことがある。すなわち、ここでは「色」および「空」という規定を受け容れることを前提として、この「色」が何故「空」と捉えられるのかということである。

ここで問われるのは、「色」が「色」のままでそれ自身であるのではなく、その本性においては「空」であるということはいかなる根拠に基づいて言われるのかという点である。「色」が「色」であることとこの「色」がその本性においては「空」であることとの間には少なくとも理論的には超えがたい溝がある。そうであるとすれば、そこには実践が不可欠であることになろう。そして実践が不可欠であるということは、ここにこの「空」を実現しようとする何らかのものが想定され、その働きが不可欠であるということを意味するであろう。本書では、そのようなものを上に述べた〈主体〉として捉え、その〈主体〉が実践の〈主体〉として働くと理解したい。この〈主体〉が想定されるとすれば、空の立場の実現にはこの〈主体〉による空の立場の実現への決意およびこの決意に基づく実践が不可欠であるということになろう。

そこで、ではここでの〈主体〉とはどのような〈主体〉であるのかが問われよう。この問いに関わって明らかにされるべきことがある。それは、『般若心経』の中で「空」というものがどのような状況において述べられているのかということである。この状況とは、仏陀を取り巻く修行僧・求道者の中にあって「アヴァローキテーシュヴァラ」（「観自在菩薩」）が自らの実践において到達した「空」の立場について、この立場の実現を願う「若者」・「娘」の学びをめぐって「シャーリプトラ長老」（「舎利子」）の問いに答えるという状況である。大本にこの状況の描写がある。

> 「このようにわたしは聞いた。あるとき世尊は、多くの修行僧、多くの求道者とともにラージャグリハ（王舎城）のグリドゥフラクータ（霊鷲山）に在した。そのときに世尊は、深遠なさとりと名づけられる瞑想に入られた。そのとき、すぐれた人、求道者・聖アヴァローキテーシュヴァラは、深遠な智慧の完成を実践しつつあったときに、見きわめた、——存在するものには五つの構成要素がある」——と。しかも、かれは、これらの構成要素が、その本性からいうと、実体のないものであると見抜いたのであった。そのとき、シャーリプトラ長老は、仏の力を承《う》けて、求道者・聖アヴァローキテーシュヴァラにこのように言った。「もしも誰か或る立派な若者が深遠な智慧の完成を実践したいと願ったときには、どのように学んだらよいであろうか」と。こう言われたときに、求道者・聖アヴァローキテーシュヴァラは長老シャーリプトラに次のように言っ

た。「シャーリプトラよ、

もしも立派な若者や立派な娘が、深遠な智慧の完成を実践したいと願ったときには、次のように見きわめるべきである――《存在するものには五つの構成要素がある。》と。〔以下、真言部分まで小本と同じ。〕シャーリプトラよ、深遠な智慧の完成を実践するときには、求道者はこのように学ぶべきである」――と。

そのとき、世尊は、かの瞑想より起きて、求道者・聖アヴァローキテーシュヴァラに賛意を表された。「その通りだ、その通りだ、立派な若者よ、まさにその通りだ、立派な若者よ。深い智慧の完成を実践するときには、そのように行われなければならないのだ。あなたによって説かれたその通りに目ざめた人々・尊敬さるべき人々は喜び受け入れるであろう。」と。世尊はよろこびに満ちた心でこのように言われた。長老シャーリプトラ、求道者・聖アヴァローキテーシュヴァラ、一切の会衆、および神々や人間やアスラやガンダルヴァたちを含む世界のものたちは、世尊の言葉に歓喜したのであった。

ここに、智慧の完成の心という経典を終わる。(中村・紀野訳 193-196)

この状況のもとでは、「観自在菩薩」は(「舎利子」を介して)空の立場を「若者」・「娘」に理解できるように説かなければならない。空の立場について語ったとしても、もし「若者・「娘」に理解できないような仕方で語ったのであれば、それは空の立場を断言的に主張したのであって、空の立場から見て原理とされるものを同語反復的に語ったにすぎないことになろう。そこでは、「色即是空」「空即是色」における「即」を「即」とすることそれ自体については、そのように断言されるだけで何も述べられていない。そこで課題となるのは、この断言を分節するということである。

この点をめぐって、一つの問いが立てられよう。すなわち、このような立場について誰が語っているのかという問いである。何らかの〈主体〉が語っているわけだが、それはどのような〈主体〉なのだろうか。この〈主体〉は、「空」とは区別される。というのは、「空」を「空」であると名指すことは「空」そのものとは区別されるからである。しかしながら、この〈主体〉はまた「空」を構成するものでもあろう。すなわち、それは少なくとも「空」と同一次元にあるものであろう。そうであるとすれば、それは「色」とは別の次元にあることになる。その限りで、この〈主体〉は『般若心経』で「観自在菩薩」とされているものであろう。

しかし、ここにさらに一つの問いが生じる。すなわち、このような「色」とは別の次元にあるものがどのようにしてそれ自身の立場としての「空」を「色」に対して、「空」こそが「色」の本性であると主張することができるのかという問いである。そのように主張することができるためには、「空」は「色」と連続的でなければならないことになるであろう。そうであるとすれば、「空」はすでに「色」の一部分であることになろう。そのような部分がそれ自身の本性としての「空」に「色」を結びつけるのであろう。この「観自在菩薩」を「色」の一部分とするのはおかしなことと思われるかもしれない。しかし、そうではない。というのは、「観自在菩薩」は先に述べた役割を果たさなければならない者として設定されているからである。すなわち、「観自在菩薩」は「舎利子」のいわば「若者」教育への問いに答え、したがってさらに「舎利子」を介してではあるが、空の立場を「若者」・

「娘」が受け容れることができるように説かなければならないのである。したがって、「観自在菩薩」はそれがそれ自身である次元に関して「若者」・「娘」のそれとは区別される次元にいる者であるけれども、しかしまた彼らと同一の次元にいる者としても位置づけられるわけである。つまり、「観自在菩薩」は「空」の次元においてばかりではなくて、「色」の次元においてもそれ自身であるものとして捉えられるであろう。このように両次元にあるということが、「色即是空」「空即是色」という表現のもとで両者の関係を「即」として捉え、そのように言うことを可能にしていると思われる。

ここでの「若者」・「娘」は、いまはまだ空の立場に立っている者ではないのであって、これから「空」について「学ぶ」必要がある者である。そこには、空の立場とは異なる立場が現われている。それは、一般人の立場であることになろう。この立場に対して、どこまで「空」について説得的に、つまり断言的にではなく分節することができるかが空の立場に立っている専門家（ここでは「観自在菩薩」）にとっての課題であろう。

このように原理としての「空」そのものとこれを捉える〈主体〉とを区別することによって明らかになるのは、この原理を実現することとそのこと自体がどのように生じるのかが問われているということである。この問いについては、次のように答えられるであろう。すなわち、まず、〈主体〉としては「舎利子」を介して「若者」・「娘」と「観自在菩薩」とが区別された上で、次いで前者から後者へのプロセスが〈主体〉の実践のプロセスとして生じるというように。

中村・紀野の解釈によれば、「観自在菩薩」からは、「空」の実現が三段のプロセスとして示された。このプロセスは、第一段において直観的な態度、第二段において理論的な言葉による説明であったのに対して、第三段においてまさに「生きた体験」である実践として捉えられた。

しかし、注意されるべきことは、このプロセスがそのまま「若者」・「娘」のものではないということである。すなわち、このプロセスにおいては空の立場とは異なる一般人の立場における彼らなりの実践が行なわれるであろうということである。

では、彼らはこの「空」を実現する実践をどのように行うのであろうか。

彼らは、まず〈存在〉として一つの〈形〉を持っている。ただし、空の立場に立つ場合とは異なり、自分という〈存在〉を「色」としても捉えているわけではなく、そしてその本性が「空」であるもの、つまり「実体」のないものと捉えているわけではないことは言うまでもない。彼らにとって分かっていることは、彼らの〈形〉が彼らにとって「私」という確かなものであるということであろう。その限りで、空の立場から見るならば、その〈形〉を「実体」として捉えていることになろう。そのような彼らにとって、彼らの自分自身および彼らの周囲の世界が〈存在〉として確かではないと捉えるように迫られるのは、固定された〈形〉としての「私」と世界との関係が失われたときではあるまいか。そのとき、彼らはこの関係の在り方がはたして〈かけがえのないもの〉であったのかどうかについて痛切に「生きた体験」をするのであろう。そのとき、彼らは固定された〈形〉を相対化するように迫られるのであろう。彼らはこの「生きた体験」においてはじめて自分を「色」として、つまり自分の本性を「実体」のない「空」として相対化して捉えるのではないだろうか。

ここに示されているのは、「色即是空」「空即是色」における「即」が空の立場において原理的に主張されているにしても、ただちにこの原理が実現されるわけではないということである。そこには、それを実現する契機が要請されるであろう。そのような契機とは、空の立場を実現する実践であると考えられる。つまり、空の立場を前提して表現すれば「色」を「空」へと向かわせる実践が不可欠であろう。そのような実践の〈主体〉とは、「色」の一部分ではあるが、その中で特殊な在り方をする〈存在〉、つまり人間であると解釈したい。すなわち、自分を「空」として捉えることができる〈存在〉とはあらゆる〈存在〉の中で特殊な在り方をする〈存在〉であり、つまりそれは人間であろう。人間は、空の立場を実現するのかどうかという点で、他の〈存在〉とは異なり、特殊な存在性格を持つと思われる。空の立場に立つことは、現実としての「色」を「空」として捉えるように向かわせる実践を要求する。そのような実践の〈主体〉とは、人間に他ならない。

その存在性格を発揮することにおいて、人間には多様な在り方がありうる。例えば『般若心経』では「観自在菩薩」と（「舎利子」を介して）「若者」・「娘」とが区別されているようにである。本書では、空の立場と一般人の立場とを区別している。そこで以下、この区別に基づいて、人間の在り方についいて考えてみたい。

一人ひとりの人間は、それぞれの仕方で現実の世界と向き合っている。一人ひとりの人間がどのように生きるのかは、自己（ここでは事柄として、一人ひとりの人間としての「自分」とは区別している）と世界との関係の作り方によるであろう。その際、この関係においてまず世界の在り方によって自己が規定されている。空の立場からすれば、自己と世界とはともに「色」であって、本性は「空」であるとされるであろう。これは、一般人の立場とは異なっている。一般人の立場からすれば、「空」であるとされるにしては「色」と言われるものは確固とした現実性のあるものである。つまり、〈存在〉はそこではこだわるべき対象として捉えられている。しかし、そのように現実の世界を想定するということは「さとり」には遠いのであって、世界を「実体」とする故に、そのような想定が生じるのだとされるかもしれない。しかし、そのように言われても、一人ひとりの人間にとっては、容易には「さとり」に達することはできないのである。

では、このような一般人の態度は否定されるべきであろうか。いや、必ずしもそうではないと思われる。というのは、現実の世界は空の立場の言うように「空」であると納得するには一人ひとりの人間にとってあまりにも過酷なものでありうるからである。このことは、東日本大震災の示した通りである。その中ではいわゆる「無常感」が感じられることもあるかもしれない（「無常感」について当該の項参照）。これに対して、「色」のうちにただちに「空」を直観する態度は、一般人の立場にとっては受け容れられないであろう。「空」の立場が説かれるときには、一般人に心の底から納得できる仕方で説かれなければならない。少なくとも、一般人にとってのこだわりへの思いに十分に応えなければならない。つまり、「色」と「空」とは容易には「即」で結びつけられる関係にはないのである。そもそも空の立場から働きかける対象としての「色」は、人間という範囲に限れば、そのほとんどが一般人である。そうであるとすれば、「空」の実現は一般人にとって説得的でなければ不可能であることになろう。つまり、一般人にとって説得的であるということは、空の立場にとってその原理である「空」の実現にとって不可欠のことではないだろうか。この点についての配慮がなければ、社会的な慣習になった宗教的な営みがほとんどの一人ひとりの人間にとって、つまり一般人にとって思想的な営みになることはないであろう。

そこで確認されるべきことは、空の立場を実現する上で〈主体〉としての一般人の実践が不可欠だということである。この実践の〈主体〉が空の立場を担う〈主体〉となったとき、この〈主体〉は「根源的主体」とされたものになっているであろう。そのとき、〈主体〉としての一般人の実践は固定された〈形〉に「執着」する限りでは、否定されざるを得ない。この否定によってはじめて、一般人にもまた「根源的主体」として形成される可能性が生じるであろう。「根源的主体」として形成されたとしても誰にも〈かけがえのないもの〉をふたたび取り戻すことはできない。しかし、一人ひとりの人間にとって真摯な〈主体〉の形成によって、たとえ空の立場からは「執着」とされることがあるにせよ、一般人の立場からは次のように自覚することが可能になるであろう。すなわち、確固とした現実性のある対象として捉えられた〈存在〉との関係を〈かけがえのないもの〉との関係として自覚するということである。こうして、部分としての〈存在〉の〈形〉へのこだわりも、全体としての〈存在〉の〈形〉への関係に変化する。すなわち、〈かけがえのないもの〉における新しい〈形〉が与えられるのである。ここでは〈主体〉の形成のプロセスが促され、「根源的主体」にあたるものの形成が行なわれるのである。一般人の立場から見れば、一般人は〈かけがえのないもの〉を追求することによって〈主体〉を形成し、一般人なりの仕方で「根源的主体」にあたるものになり、したがって空の立場にあたるものを実現することができるようになるであろう。

4　「色即是空　空即是色」の実践における時間

こうして、われわれは当の実践を「色即是空　空即是色」のうちに見出している。この解釈の手がかりとして、本書は、そこに「時間」を読む立川武蔵の解釈に学びたい（幸津 2007:95-96 参照）。その解釈によれば、当該の実践（仏教的には行）は一つの時間的なプロセスを想定することによって捉えられるという。以下、この解釈について検討しよう。

立川は、「色即是空　空即是色」という表現のうちに三つの時間を見ている。すなわち、

ここには色から空（空性）へと至るという第一の時間と、空から色へと至る第三の時間の二つが語られている。そして空性自体は時間の幅をもたないであろうが、空性が第二の時間である。（立川 2003：307）

この区別のもとに当の表現は、次のように捉えられる。

「色は空である」とは、俗なるものを否定することによって聖なるものに至る道筋を示している。そして「空は色である」とは、聖に至ったものがまた俗なる世界に帰ってくる場面、ただ単に帰るのではなくて、俗なるものを浄化して帰ってくる場面を指しているのである。（立川 2003：

324）

さらに第一の時間における「不断の否定作業」の結果、「因果関係では説明できない瞬間」（同334）が現われるという。それが第二の時間であるとされる。つまり、

悟りなり救いなりが達せられたその瞬間においては、過去、現在、未来、あるいは現状認識、手段、結果という系列が崩れる（立川 2003：335）

というのである。これは実践が究極のところに、すなわち「さとり」に達したことを示すであろう。ここで、第三の時間についての記述に注目しよう。そこでは、先の第二の時間において第一の時間の因果系列が崩れ、「さとり」に達した後のその立場を維持する実践が述べられている。

その瞬間の混乱が過ぎ去ると、また元のかの原因、手段、結果という秩序に戻ってくる。ただ、第一の時間における世界とまったく同じ世界に戻るというわけではない。その目的が達せられた後、例えば空性を経験した後は、以前とは違った世界、つまり、ただ単に俗なる世界ではなくて、聖なる力によって浄化された世界へ戻るのである。（立川 2003：335）

この立川の解釈から、われわれは実践のプロセスについて学ぶことができるであろう。立川は「色

即是空」と「空即是色」とを区別した上で、そこに実践のプロセスを見出しているわけである。立川はさらに、この実践が「集団的実践」であり、この点での理論の構築を「空の思想」の課題としている。

空の思想は、人間たちが自分たちの生活のより一層の快適さや便利さを求めて、無制限に自分たちの力を使用することに疑問を投げかける。一人ひとりの人間が自己の欲望の行方を見定めなくてはならないことは当然であるが、人類全体も自らの望み得ることを見定めるために、「自己否定」を行う必要がある。このような意味での集団的実践については、空の思想はこれまでの歴史において具体的、総括的な理論の構築をしてこなかった。これこそが今後の課題であると思われる。（立川 2003：336）

この課題のうちに、本書の文脈において明らかにされるべきことがある。すなわち、そこで明示されてはいないけれども、この実践のプロセスを担い続ける〈主体〉を想定することができるということである。そのような〈主体〉を想定するならば、この〈主体〉が実践のプロセスにおいて形成され、「根源的主体」になるということを示すことができるのではないだろうか。

第一の時間において〈主体〉は、先に述べた「私」のような在り方で〈存在〉と関わろうとする限り、〈存在〉に対して支配的な態度を取り、この態度を維持することにこだわるであろう。そのとき、〈存在〉は一定の〈形〉に固定される。〈主体〉はなるほどそのような態度も取ることができる。しかし、逆に〈存在〉によって否定されるようになる。その究極において第二の時間が訪れる。そこでは〈主体〉は「幅」がないという「時間」、つまり「瞬間」において〈存在〉と出会う。そしてその〈存在〉同士の出会いにおいて、〈存在〉は相互に〈かけがえのないもの〉としての〈形〉になると考えられる。そこでは〈存在〉がともに人間である場合、相互の出会いにおけるその関係の一回性が〈かけがえのないもの〉における〈形〉としてその「瞬間」に記憶されるであろう。〈存在〉の一方のみが人間で他方は人間以外のものである場合にも、ともに人間以外のものである場合にも、関係の一回性という事柄は変わらない。〈存在〉が〈かけがえのないもの〉における〈形〉を取るという認識は、人間に限られるのであろうが。むしろ逆に〈存在〉相互の出会いの一回性が強調されるのは人間相互の関係であろう。人間の場合には、この出会いにおける〈存在〉の〈形〉を〈かけがえのないもの〉とするわけである。この人間相互の関係は、むしろ〈存在〉一般の特殊な場合として位置づけられよう。〈存在〉相互の関係のもとで、いかなる〈存在〉も人間の場合の〈かけがえのないもの〉にあたるその〈個体〉としての〈形〉を示すであろう。とりわけ人間の場合には、〈存在〉の生命という〈形〉に不可避的な〈個体〉としての有限性故に、〈かけがえのないもの〉が真に〈かけがえのないもの〉であることが痛切に感じ取られるのであろう（註8）。

そして第三の時間において〈主体〉は、〈存在〉相互の関係を回復する。そのとき、〈主体〉は「根源的主体」になるであろう。

ここで形成されるべき〈主体〉とは、空の立場から見れば、第一の時間においてはこの立場とは異なる立場にある。すなわち、空の立場にとっては、空の立場と異なる立場がどのように位置づけられるかが問われることになる。そのような立場とは、空の立場に立つ宗教者などの専門家から働きかけられる一般人の立場であろう。この立場は、言うまでもなく一人ひとりの人間の実践を貫いている。すなわち、この〈主体〉は第一の時間においては空の立場とは異なる〈形〉を取りつつ、他の〈存在〉を一方的な支配関係のもとで否定するけれども、第二の時間において逆に他の〈存在〉によって否定される。ここに空の立場から見て「色即是空」にあたる事態が達せられる。その結果、空の立場とは異なる立場が消えるように見える。しかし、〈主体〉としての〈存在〉は、第三の時間において他の〈存在〉との相互的な関係において新しい〈形〉を取る。そのことに対応して、他の〈存在〉は〈かけがえのないもの〉として捉えられよう。そのとき、空の立場のもとにおいても一般人の立場が肯定される。こうして、空の立場から見て「空即是色」にあたる事態が達せられるであろう。

このように、この一人ひとりの人間の実践のプロセスが捉えられる。このプロセスは、いつでも、つまりあらゆる「瞬間」において、そしてどこでも生じる可能性がある。というのは、一人ひとりの人間によって実践されることが一般人の範囲全体に及ぶことがありうるからである。この範囲は、そのうちに教育による〈主体〉の形成（「若者」・「娘」教育についての「観自在菩薩」の言及参照）が含まれているように、世代を超える範囲が含まれている。それ故人間が存在する限り、当の実践は一人ひとりの人間に社会的に無限に拡大され、そして永久に世代間の継承を通じて存続していくであろう。

さらに同時にこのプロセスは、一人ひとりの人間の実践が集合された「集団」による実践として行われるであろう。すなわち、「集団的実践」における「集団」とは、これら一人ひとりの人間が構成するものであろう。それは、空の立場に関わる専門家の「集団」をも含むけれども、それればかりではないことは言うまでもない。ここでの「集団」とは、それを構成する人間のほとんどが専門家以外の一般人であるような「集団」である。この「集団」による実践においても、〈主体〉は「根源的主体」になることができるのかどうかが問われよう。このことが問われるのは、一人ひとりにとって日常的に問われている次元を超えた「集団」においては事情が異なっているはずだからである。

ここで一つ注意されるべきことがある。すなわち、ここでの「集団」の〈主体〉とはあくまで人間に限られるものであり、したがって〈存在〉の関係全体を覆うものではないということである。〈存在〉の関係全体においては、あらゆる〈存在〉は変化のうちにあり、したがってその〈形〉が変化している。

では、ここでの変化はどのように生じているのか。それは、あらゆる〈存在〉相互の関係において生じるのであろう。まず一つの〈存在〉は他の〈存在〉との関係において自己を中心とする自己中心主義から、後者を従属的に位置づける。しかし、個々の〈存在〉相互が全体として関係をなすとき、それぞれの中心主義は相対化され、結局どこにも中心がないということになる。そこに空の立場にあたる事態が登場しているわけである。すなわち、ここで〈存在〉の関係全体と呼んだものは空の立場においては「色」の関係全体のことであって、その関係全体にはどこにも中心がないとは「空」のことである。というのは、あらゆる中心主義は「色」を何らかの「実体」として捉えるところに生じるものであろうからである。

どこにも中心がないということが実現する事態は、本来おそらく〈存在〉の関係全体においてはごく当たり前に生じていることであって、何か特別に問題になることではないであろう。このことは、

〈存在〉の関係全体にとってごく当然のことである。そうであるとすれば、このことが特別に問題になるのは、このことを問題とするような在り方をする特殊な〈存在〉の故であろう。この問題を問題として捉えるそのような特殊な〈存在〉とは、他ならぬわれわれ人間ではないだろうか。

人間は、この〈存在〉の関係全体の一部分をなすものであるにすぎない。つまり、人間は〈存在〉の関係全体の一部分にすぎないけれども、それにもかかわらずその関係全体を認識する〈主体〉でありうる。ただし、人間はこのことをはじめから「色」の関係全体における問題として認識することができるわけではない。というのは、人間の場合、おそらくとりわけその人間中心主義が強いからであろう。

空の立場から見てここで問われるのは、この〈主体〉がどこまで人間中心主義を脱することができるのかということである。すなわち、人間にとっては、人間中心主義を脱することによってはじめて空の立場における「根源的主体」と位置づけられることが可能になる。つまり、「色」は「空」であるということを認識する〈主体〉が「根源的主体」と言われるのである。ここに人間として生きることの本来的な在り方がある。

一般人の立場において、〈主体〉は空の立場における「色即是空」にあたる事態に達するまでは、他の〈存在〉に支配的に関わり、その限りでこの〈存在〉の一定の〈形〉にこだわる。しかし、当の事態に達していない場合でも何らかのきっかけがあって、この〈存在〉の一定の〈形〉へのこだわりを超えることもある。例えば、いままで自明のものとしていた風景が失われて、自明のものではないと分かったとき、〈主体〉としてのこの風景との関係がこの風景の一定の〈形〉へのこだわりにすぎないことが分かる。そこで〈主体〉としては風景の変化に合わせた態度を取らなければならないとして、その態度を変える。つまり人間中心主義を超えるのである。

この〈主体〉は人間中心主義を超えることによって、この〈形〉へのこだわりを否定する。（ここに「受想行識」の働きがあるであろう。たとえそれら自身が「空」であるとされるにしても。）そして空の立場での「空即是色」にあたる事態において、このこだわりを捨て、自己と世界との関係という〈存在〉の関係に変化を与える。そのとき、この〈主体〉は一般人の立場にありながらも、空の立場に達しており、したがって「色」・「空」という規定を受け容れ、つまり〈存在〉を「色」と認識し、その〈形〉を「空」と認識するのである。つまり「色即是空」を認識するわけである。この「空」として認識された〈存在〉あるいは「色」は、〈かけがえのないもの〉としてその〈形〉を変化させるわけである。その限りで、主として一般人によって構成される人間が相互に関わる〈かけがえのないもの〉における〈形〉は「空即是色」として肯定されるのである。この肯定において、「さとり」が達せられるであろう。（これも「受想行識」の働きであろう。）

ところでこの空の立場がとりわけ問題になるのは、〈存在〉の関係全体の一部分をなすものであるにすぎない人間の〈存在〉そのもの、つまり人間の生命の存続が危機に陥ったときである。ただし、この危機というのは、空の立場から見れば「色」の変化の一つであって、その「色」が「空」であるという事態を示す一つの場合にすぎない。この同じ事態が、一般人の立場から見れば、人間という〈存在〉そのものの危機として受け止められ、〈存在〉の関係全体の変化への認識を促すのである。その結果、認識の〈主体〉は「根源的主体」として形成されるわけである。

そのとき、人間は自己と世界との関係を問わざるを得ない。つまりこの関係を作り直さなければならない。そのとき、自己を含めて〈存在〉の関係全体に対して、「空」という規定を受け容れざるを得ない。言うまでもなく、当の関係を作り直すためには、一人ひとりの人間の実践が必要であるけれども、その次元を超えて「集団」による実践が不可欠である。というのも、まさに「集団」としての人間の生命の存続が危機に陥っているからである。その際、この危機が〈存在〉の関係全体の在り方の中で生じたということが「色即是空　空即是色」についての思想的な営みを促したのであろう。

この「集団」という次元で、現代日本社会において戦後かつてない規模で人間の思想的な営みが問われたのは、東日本大震災においてではないだろうか。この大震災において、空の立場から見てどのような「集団的実践」が行なわれたのかを検討する必要があろう。

ただし、その前にこの集団的実践において思想的な営みがどのように行なわれたのかが問われなければならないだろう。というのは、日本の文化的伝統のもとでは、〈主体〉の形成はまずは「無常感」という態度で行なわれたのであり、このことが当の思想的な営みの前提となっていると思われるからである。

第5章　災害の体験と「無常感」——鴨長明『方丈記』・吉田兼好『徒然草』の場合

地震・津波などの災害の体験は、いわゆる「無常感」を強めたかもしれない。すなわち、体験的に感じられた人生においては頼りになり変ることのない常なるものがないという情感である。「無常感」について、人間の次元を超えるものとしての自然の変化をめぐって「一般の日本人」において「無常感」が表されるとする次の説明が参考になる。

六世紀の半ばに日本に伝えられた仏教は、先進的な大陸文化として受容されはしたものの、その高度な思想の理解は容易に進まなかった。僧侶は、漢訳の仏典を解読することができたが、専門的な修練を経ない一般の日本人は、仏教の「諸行無常」の教説を、根本的な理法としてよりも、万物が流転する姿の捉え方として受容した。そのため無常観は、真理を悟るための実践的な方法としてではなく、人間と世間のはかなさ、頼りなさを表す、情緒的、詠嘆的な無常感となった。［中略］中世後期以降、無常感は、一つの主張としてではなく日本人の思想の中に拡散して行き、日本的な美意識や人生観の基調の一つとなった。（大隅和雄：項目「無常［日本における無常観］」『岩波ここで「無常観」について述べることは、筆者の能力を超えている。本書では「無常観」とは「常」なる「実体」を否定する空の立場と合致するものとして、すなわち、「真理を悟るための実践的な方法」とは「色即是空　空即是色」の境地の「体得」のうちに示されているものとして理解する。

ここで日本においては、「無常観」と「無常感」とが対置されていることに注目したい。本書の文脈で言えば、「無常観」は専門家としての仏教者によって把握されたのに対して、これが一般人には「無常感」として受け容れられたというように解釈することもできよう。このような両者の対置が日本の文化的伝統の一部分をなしているのである。そこで問われるのは、では一般人がどのように「真理を悟るための実践的な方法」としての「色即是空　空即是色」の境地を「体得」することができるのかということであろう。

「無常感」についても本書で取り上げることのできるのは、きわめて限られている。すなわち、鴨長明『方丈記』および吉田兼好『徒然草』における地震に関わる記述と「無常」についての記述との関係について、その思想的な営みを垣間見ることにすぎない。現代日本社会における思想的な営みという視点から「無常感」にどのような意味を見出すことができるか、という点について検討したい。

1　災害の体験

『方丈記』には、地震（註9）についての報告のような次の記述がある。

『方丈記』第二節

〔二一〕　また、同じころかとよ。おびたたしく大地震《おほなゐ》ふる事侍りき。そのさま、よのつねならず。山はくづれて、河を埋《うづ》み、海は傾《かたぶ》て、陸地《くがぢ》をひたせり。土裂《さ》けて、水湧《わ》き出で、巌《いはほ》割《わ》れて、谷にまろび入る。なぎさ漕《こ》ぐ船は波にただよひ、道行く馬は足の立ちどをまどはす。都のほとりには、在在所所《ざいざいしょしょ》、堂舎塔廟《だうじゃたふめう》、一つとして全《また》からず。或はくづれ、或はたふれぬ。塵灰《ちりはひ》立ちのぼりて、盛《さか》りなる煙《けぶり》のごとし。地《ち》の動《うご》き、家のやぶるる音、雷《いかづち》にことならず。家の内《うち》にをれば、たちまちにひえいげなんとず。

走り出づれば、地割《わ》れ裂《さ》く。羽《はね》なければ、空《そら》をも飛《と》ぶべからず。竜《りう》ならばや、雲にも乗《の》らん。恐《おそ》れの中に恐《おそ》るべかりけるは、ただ地震《なゐ》なりけりとこそ覚《おぼ》え侍りしか。

〔二二〕　かくおびたたしく震《ふ》る事は、しばしにて止《や》みにしかども、そのなごり、しばしば絶えず。よのつね、驚《おどろ》くほどの地震《なゐ》、二三十度震《ふ》らぬ日はなし。十日《とをか》・廿日《はつか》すぎにしかば、やうやう間遠《まどほ》になりて、或は四五度・二三度、もしは一日《いちにち》まぜ、二三日に一度など、おほかた、そのなごり三月《みつき》ばかりや侍りけん。

〔二三〕四大種《しだいしゅ》の中《なか》に、水《すい》・火風《くわふう》はつねに害《がい》をなせど、大地にいたりては、ことなる変をなさず。昔、斉衡《さいかう》のころとか、大地震《おほなゐ》ふりて、東大寺の仏の御首《みぐし》落ちなど、いみじき事ども侍りけれど、なほ、この度《たび》にはしかずとぞ。すなはち、人みなあぢきなき事をのべて、いささか心の濁《にご》りもうすらぐと見えしかど、月日かさなり、年経《へ》にし後は、ことばにかけて言《い》ひ出《い》づる人だになし。

現代語訳

（簗瀬訳注28-30）

〔二一〕また、同じころであったろうか。ものすごい大地震があって、ひどくゆれた。そのゆれ方といったら、なみなみのものではない。山はくずれて、川をうずめてしまい、海は傾斜して海水が陸地をひたした。土が裂けて、水がわき出し、巌石が割れて、谷にころげ込む。海辺を漕ぐ船は波に翻弄され、道を行く馬は立つ足もとが定まらない。京都近辺では、あちらでもこちらでも、お寺の堂や塔が被害を受け、満足に残ったものは一つもない。あるものはくずれおち、あるものはひっくりかえった。塵灰が立ちのぼって、さかんに吹き上げる煙のようである。大地がうごき、家屋が破壊される音は、雷鳴とまったく同じだ。家の中にいると、すぐにでもおしつぶされそうになる。外へ走り出れば、地面が亀裂する。羽がないので、空を飛ぶわけにいかない。竜ならば雲にも乗れるが、人間のかなしさ、それもかなわぬ。恐ろしいものの中でも、特に恐れなきゃあならないのは、ただ地震だなあと、しみじみ痛感したことだった。

〔二二〕こんなにものすごく震動することは、しばらくで止まったけれども、その余震はしばらくはやまない。これが大地震のあとでなく、ふだんならびっくりするくらいの地震が、一日に二、三十回ゆれない日はない。十日、二十日と日がたつと、だんだんに間隔が遠くなって、あるいは一日に四、五回、二、三回、または一日おき、二、三日に一回などいうふうになったが、おおよそ、その余震は三か月ほどもあったろうか。

〔二三〕　仏教で説く四大種の中では、水・火・風の三つはいつも災害を起こすけれど、大地というものは、特別な変化はしないものので、安定しているはずである。昔、斉衡のころであったろうか、大地震があり、東大寺の大仏の御首が落ちなどする、ひどいことがあったけれど、その大地震も今度のはげしさにはかなわないということだ。そこで、今度の大地震を経験した人は、みなこの世がつまらないものだということを話しあって、少しは煩悩《ぼんのう》もうすらぐように見えたけれど、それから月日がたち、年が過ぎたあととなると、大地震のこと、それによって世のはかなさを嘆きあったことなどを、口に出していう人さえいやあしない。（簗瀬訳注 82-83）

この記述によれば、仏教では自然の中で、水・火・風と比べて、大地は害を与えるはずのないものとしていたという。しかし、長明はひとたび地震が起きたときには、その災害の恐ろしさを捉えていた。長明によれば、人びとは地震が起きたときには「無常」を感じても、月日が過ぎると忘れてしまったようであり、むかしもいまと変わらなかったようである。

『徒然草』には、地震（註10）についての「無常感」に溢れた記述が見られる。

『徒然草』第二十五段

飛鳥川《あすかがは》の淵瀬《ふちせ》、つねならぬ世にしあれば、とき移《うつ》りこと去《さ》り、楽《たの》しみ悲《かな》しびゆきかひて、はなやかなりしあたりも、人住《ひとす》まぬ野《の》らとなり、変《かは》らぬ住家《すみか》は人《ひと》あらたまりぬ。桃李物言《たうりものい》はねば、たれとともにか昔《むかし》を語《かた》らん。ましてみぬ古《いに》しへの、やんごとなかりけん跡《あと》のみぞ、いとはかなき。京極殿《きやうごくどの》・法成寺《ほふじやうじ》などみるこそ、志《こころざし》とどまり、こと変《へん》じにける様《さま》はあはれなれ。御堂殿《みだうどの》つくりみがかせたまひて、庄園《しやうゑん》おほく寄《よ》せられ、わが族《ぞう》のみ御門《みかど》の御後見《おんうしろみ》・世《よ》のかためにて、行末《ゆくすゑ》までとおぼしおきし時《とき》いかならん世《よ》にも、かばかりあせはてんとおぼしけんや。大門《だいもん》・金堂《こんだう》など、近《ちか》くまでありしかど、正和《しやうわ》の頃《ころ》、南《みなみ》の門《もん》は焼《や》けぬ。金堂《こんだう》はその後倒《のちたふ》れふしたるままにて、取《と》り立《た》つるわざもなし。無量寿院《むりやうじゆゐん》ばかりぞ、そのかたとて残《のこ》りたる。丈六《じやうろく》の仏九体《ほとけくたい》、いと貴《たふと》くて並《なら》びおはします。行成大納言《かうぜいのだいなごん》の額《がく》、兼行《かねゆき》が書《か》ける扉《とびら》、なほあざやかに見《み》ゆるぞあはれなる。法花堂《ほっけだう》などもいまだはべるめり。これもまたいつまでかあらん。かばかりの名残《なごり》だになきところどころは、自《おのづ》からあやしき礎《いしずゑ》ばかり残《のこ》るもあれど、さだかに知《し》れる人《ひと》だにもなし。されば、万《よろづ》に見《み》ざらん世《よ》までを思《おも》ひおきてんこそ、はかなかるべけれ。(川瀬校注 33-34)

現代語訳

飛鳥《あすか》川の淵瀬と同じように変りやすい世の中であるから、時世が変転し、喜びと悲しみとがゆき違って、栄華をきわめた屋敷跡《やしきあと》も、人の住まない野らとなり、もとのままの建物は、住む人が変ってしまう。

桃《もも》や李《すもも》は昔ながらに咲いてはいるが、何も物をいわないから、誰とともに昔を語り合うことができようか。まして、見たこともない古い時代の高貴であった人たちの遺跡ほど、はかないものはあるまい。京極殿《きょうごくどの》・法成寺《ほうじょうじ》などを見るにつけても素志が断絶し、事業のあとかたが消えてしまった有様は、感懐も一入《ひとしお》である。道長公が、美々しく造営されて、庄園《しょうえん》を多く寄付され、わが一族《ちすじ》だけが天皇の御後見役《ごこうけんやく》・国家の重鎮《じゅうちん》として、いついつまでもと考えておられた時点では、どのような世の中になっても、これ程までに衰《おとろ》えはててしまおうとは、想像もされなかったであろう。大門や金堂など、近頃まであったが、正和の頃に、南の正門は焼けてしまった。金堂はその後、倒れふしたままで、立てなおすこともしない。無量寿院《むりょうじゅいん》だけが、僅《わず》かにその遺構として残っている。丈六《じょうろく》の阿弥陀仏九体が、大変貴く並んでいらっしゃる。行成《こうぜい》大納言が書いた額、兼行《かねゆき》が書いた扉《とびら》の色紙形《しきしがた》がまだはっきり見えるのが、感懐深い。法花三昧《ほっけざんまい》堂などもまだ残っているようだ。これもまた、何時《いつ》までであるだろうか。それ程のあとかたすらもないあちこちの旧跡は、時にはつまらぬ礎石ばかり残っているのもあるけれど、はっきり、ここが何の跡と知っている人さえもない。それゆえ、万事につけて、死んだ後の世のことまで、処置《しょち》しておくというのは、まことにはかないことと言わねばなるまい。（川瀬校注 201-202）

2　「無常感」の表現

地震体験は、「無常感」を生じさせる要素の一つとなるであろう。その「無常感」は、日本の文化的伝統の中でどのように表現されているのだろうか。以下、例として鴨長明『方丈記』および吉田兼好『徒然草』の場合を挙げよう。

まず長明においては、「無常」はものごとの変化する様を意味する。余りにも有名な「ゆく河の流れ」がイメージされている。

『方丈記』第一節

〔一〕 ゆく河の流《なが》れは絶《た》えずして、しかも、もとの水にあらず。よどみに浮《うか》ぶうたかたは、かつ消《き》え、かつ結《むす》びて、久《ひさ》しくとどまりたる例《ためし》なし。世の中にある、人と栖《すみか》と、またかくのごとし。（簗瀬訳注15）

〔三〕 知らず、生れ死ぬる人、何方《いづかた》より来たりて、何方《いづかた》へか去る。また、知らず、仮《かり》の宿り、誰《た》が為《ため》にか心を悩《なや》まし、何《なに》によりてか目を喜《よろこ》ばしむる。その主《あるじ》と栖《すみか》と、無常《むじやう》を争ふさま、いはば朝《あさ》顔《がほ》の露に異《こと》ならず。或《あるい》は露落《お》ちて、花残れり。残るといへども、朝日に枯れぬ。或は花しぼみて、露なほ消えず。消えずといへども、夕《ゆふべ》を待つ事《こと》なし。（簗瀬訳注16）

現代語訳

〔一〕 流れて行く川の流れは絶えないのであるが、しかし、その川の流れをなしている水は刻刻に移って、もとの水ではないのだ。流れが停滞しているところの水面に浮かぶあわは、一方においては消えるかと思うと、一方においては浮かんで、一つのあわが、そのままの姿で長くとどまっているという例はないものだ。世の中に住んでいる人間と、その人の住居とは、やはりこのように、一時も停止しないものなのである。（簗瀬訳注73）

〔三〕 私にはわからない、――生まれたり死んだりする人は、どちらから来て、どちらへ去って行くのであろうか。また、これもわからない、――無常なこの世の仮住まいである家をもって、だれのためにあれこれと心労し、何をしようとて、目を楽しませるだけのことをするのだろうか。その家の主人と家屋敷とが、はかなく滅んでいくことを競って、この世から消えていく様子は、たとえて言ってみると、咲いた朝顔と、その花に置いた露との関係に少しもちがわない。ある時は、露が先に落ちて、花が残っている。しかし、残るとはいっても、やがて朝日にあたると、花はしぼんでしまうものだ。ある時は、花の方が先にしぼんでしまって、露がまだ消えないでいる。しかし、露は消えないといっても、やがては消えるもので、夕方になるのを待つなどという事はありはしない。（簗瀬訳注 73-74）

次いで兼好においては、「無常」は「死」を意味する。人間に即して考える限り、ものごとの変化の様は人間の「死」に極まるということであろう。

『徒然草』第四十九段

老来《おいきた》りて、始《はじ》めて道《みち》を行《ぎやう》ぜんと待《ま》つことなかれ。古《ふる》き塚《つか》は、多《おほ》くは少年《せうねん》の人《ひと》なり。はからざるに病《やまひ》を受《う》けて、忽《たちまち》にこの世《よ》を去《さ》らんとする時《とき》にこそ、はじめて過《す》ぎぬるかたの誤《あやま》れることは知《し》らるれ。あやまりといふに、他《た》のことにあらず、速《すみやか》にすべきことをゆるくし、ゆるくすべきことを急《いそ》ぎて、過《す》ぎにしことのくやしきなり。その時《とき》悔《く》ゆともかひあらんやは。人《ひと》はただ無常《むじやう》の身に迫《せま》りぬることを、ひしと心《こころ》にかけて、束《つか》の間《ま》も忘《わす》るまじきなり。さらば、などかこの世《よ》の濁《にご》りも薄《うす》く、

仏《ほとけ》の道《みち》を勤《つと》むる心《こころ》もまめやかならざらん。［後略］（川瀬校注46-47）

現代語訳

年をとってから始めて仏道を修行しようと期待してはならぬ。古い墓は、多くは年若くて死んだ人のものだ。思いがけなく病気にかかって、急にこの世を去ろうとする時になって、初めて過去のまちがっていたことが判るのである。そのまちがいというのは、ほかのことではない。早くやらなければならぬことをゆっくりし、ゆっくりでよいことをせいて暮らしてきたことが悔《くや》まれるのだ。その時になって後悔したとて、何のかいがあろうか。人間はただ無常（死）が身にせまっていることを、ひしと心にかけて、束《つか》の間も忘れてはならぬのである。そういう心がけならば、この俗世間における邪念も薄らぎ、仏道の修行につとめる心も忠実《まめ》に相違あるまい。［後略］（川瀬校注212）

これまでの日本の歴史で地震・津波を体験することで、いわゆる日本人の「無常感」が感じられるようになり強められることがあったであろう。それは、それぞれの時代の一人ひとりの人間、多くの一般人にとっては専門家である仏教者の宗教的な営みからは少々外れていたにせよ、〈かけがえのないもの〉にこだわらない態度を取ることによって自然災害の過酷さを和らげる思想的な営みであったのであろう。

しかし、東日本大震災の体験は別の可能性も示したのかもしれない。「日本特有の死生観」あるいは「日本人の死生観」と言われる場合に、「ご遺体」という表現（前述参照）に見られるように現代日本社会に生きる一般人の〈かけがえのないもの〉への思いが現われているのではないだろうか。そこに日本の文化的伝統における「無常観」と「無常感」との対置にもかかわらず、この両者の対置を超えた実践が一般人において生じていると思われる。すなわち、そこに空の立場にあたる立場が現われているのである。

「無常感」においては、空の立場から見れば、確かに「色即是空」にあたることが感じ取られていると言えよう。しかし、そこでは「空」にあたるものが捉えられているとは言えない。したがって、「空即是色」にあたることが捉えられていないと思われる。「色」にあたるものは、結局「無常」なるものであるとして「空」にあたるものに還元されるのであろう。したがって、その「空」にあたるものは「空即是色」には展開することがない。それは、ただ「無常」なるものとして感じ取られるばかりである。つまり、そこでは空の立場におけるような、新しい「色」を生み出すことができないのである。

空の立場から見れば、「空即是色」のこの新しい「色」において、一般人の〈かけがえのないもの〉への思いにあたるものが提示される。この思いは、空の立場にあるものとは異なっており、あくまで一般人の立場にあるものであろう。この一般人の立場から、「空即是色」にあたるものが「日本特有の死生観」あるいは「日本人の死生観」におけるような日本人の態度として生じたのであろう。ただし、この態度は「無常感」に解消されるものではない。それは、むしろ「無常感」を超えて、〈かけがえのないもの〉への思いを表わすものであろう。

ここに、一般人の実践の一つの可能性が示されよう。すなわち、「無常感」が出発点になることもあるにせよ、一般人が空の立場にあたる立場に立つこともありうるのではないだろうか。すなわち、一般人は或る〈存在〉の特定の〈形〉へのこだわりを真摯な〈主体〉の形成を通じて吟味することによって、当の〈存在〉の〈かけがえのないもの〉における〈形〉へと転換させることができよう。そのとき、空の立場は一般人にとっても受け容れられるであろう。そのとき、ほとんど社会的な慣習になっている在り方のもとでの宗教的な営みも、その核心である思想的な営みとして働くであろう。

一般人の立場から見れば、一般人は人間一般を代表して宗教というものが対象にする超越的なものではないものに基盤を置く立場を取り、いわば換骨奪胎して、超越的なものを取り上げることなく、宗教的な営みの核心であるべき思想的な営みの〈主体〉として振る舞う。空の立場に関連させるならば、「色即是空　空即是色」を空の立場に立って捉えるのではなく、一般人として〈形〉のある〈存在〉が〈形〉を変える〈存在〉として当の対句の境地を示す。すなわち、宗教的な営みにおいてではなく、一般人として空の立場にあたる立場を思想的な営みにおいて実現するのである。そこでは、真摯な〈主体〉の形成による思いによって思想的な営みにおいて〈主体〉の新しい在り方が作り出されるわけである。

東日本大震災において、このような思いも多くの人びとにとって生まれたことであろう。この文脈において注目されるのは、被災した人びとの言葉には必ずしもいわゆる「無常感」が表わされているとは言えないものもあるということである。むしろ被災を乗り越え、被災からの復興について語られているように思われる場合もあるのである。そのような思いとして飯舘村の「までい」という言葉に表わされる思いを捉えることができるであろう（「までい」という言葉については後述参照）。

第6章 「色」の変化としての地震・津波・原発事故と「無常感」を超える科学的な認識

「色即是空」の意味において東日本大震災を見れば、それまでの歴史において形成された自然も文化もその担い手の人間などの「色」が破壊され「空」であることが示された。すなわち、かつてあった自然も人間の構築物も、そして悲しみの極みに多くの人間の生命が、すべて「実体」のないものとして失われた。大震災は、あらためて次のことを厳粛に示したのであろう。すなわち、そもそものような「実体」というものが存在しないということである。

しかし、失われたものは「実体」のないものとして捉えられるにせよ、そのように捉える〈主体〉としての人間にとってどのようなものなのか。それは、一人ひとりの人間にとってそれぞれ〈かけがえのないもの〉である。

空の立場から見れば、或るものがどれほど〈かけがえのないもの〉であっても、「色」の一つにすぎない。しかし、この「色」を〈かけがえのないもの〉とするということ自体は「色即是空」つまり「色」は「空」であるとされるにもかかわらず、否定することはできないであろう。

「色」のうちの或るものを〈かけがえのないもの〉とするのは、「色」のうちで特殊なものの働きであろう。その特殊なものとは、これも「色」の一つである人間にちがいない。すなわち、人間はそれ自身「色」の一つでありながら、「色」のうちの自分以外のものを〈かけがえのないもの〉とするわけである。

その〈かけがえのないもの〉とは、たしかに人間の側から捉えたものにすぎないものではあろう。しかしながら、その〈かけがえのないもの〉は一人ひとりの人間にとってはおそらくそれなしでは生きられないものではないだろうか。ただし、この〈かけがえのないもの〉とは、他の人間から見れば何か特別のものとは思われないようなごく日常的なものかもしれない（例えば〈かけがえのないもの〉を「平穏な暮らし」のうちに見る捉え方について鳥賀陽 2012：74-75 からの後述の引用参照）。しかし、一人ひとりの人間はそれにこだわらざるを得ないのである。たとえ、そのようにこだわることがそのものを「実体」のあるものとする態度によるものであると空の立場からは否定されるにしても。そうであるとすれば、「色即是空」の原理のうちに、この「色」のうちの一つを〈かけがえのないもの〉とするということが位置づけられなければならないであろう。そうでなければ、一人ひとりの人間を苦しみから救うことはできないであろう。

しかし、一人ひとりの人間にとっては〈かけがえのないもの〉を「空」において捉えることは至難のことである。とりわけ亡くなった親しい人びとのために追悼の祈りを捧げなければならない状況にあるということは！

当の至難のことを「色」としての〈存在〉の関係全体の中でその一部分である一人ひとりの人間に

強いたものは何か。それは、この全体の働きである東日本大震災による災害に他ならない。すなわち、この大震災における地震・津波・原発事故の「複合」災害である。ここに空の立場から見れば、「色即是空」という事態が現われている。

では、このような災害という事態が自然の変化の一つにすぎないものであるということを、空の立場に立つことによってどのように受け止めることができるのであろうか。空の立場から見てここで確認すべきことは、自然が人間にとってどのような災害のような不幸をもたらすものであるとしても、それも「色即是空」における「色」の一つの在り方であるということである。それもまた、変わらない「実体」を否定する空の立場から見れば、変化の一つである。

地震・津波のような災害の事態に直面しつつも「色即是空」を受け容れる態度は、眼前の事態の背後にこの事態を超えるものを捉えることによって生じるであろう。被災した人びとは、空の立場を取るにせよ、そうでないにせよ、圧倒的な災害に直面しなければならなかった。それまで人間と自然との関係はそれなりに安定した在り方で作られてきたけれども、この在り方は完全に破壊されてしまった。ここで生じた事態は、空の立場から見ればこの立場の正当性を証するようなものであった、つまり、「色即是空」という把握が妥当するような事態であったと言わざるを得ないことになるであろう。その点からすれば、この災害がもたらした事態は、まさに空の立場を「集団」的に取ることを促したと言えよう。そこに、空の立場が必ずしも社会的な慣習になった宗教的な営みにおいてではなくて、本来その核心であるべき思想的な営みにおいて実践される基盤があると思われる。

しかし、思想的な営みとしての空の立場にあたる立場が実践されるということは、容易ではない。

というのは、地震のような災害の事態に際して日本の歴史において形成されてきたのはいわゆる「無常感」であって、それはむしろ実践することからは離れているからである。ただし、「無常感」のもとで〈かけがえのないもの〉への痛切な思いも深められてきたであろう。この思いは、日本の文化的伝統のもとで、とりわけ一般人の思想的な営みであり続けたと思われる。

そこで問われるのは、では眼前の災害という事態をどのように捉え、そしてその事態を超えること、つまり復興することをどのように根拠づけるのかということである。日本の文化的伝統において、このような事態をいわゆる「無常感」で受け止めることがかなり多くの場合に見られたと思われる。これに対して、復興するためにはこの「無常感」を超えさせる何かが必要であろう。その何かとして本書が取り上げたいのは、自然災害に対して近代以降登場した科学的な認識である。この科学的な認識によって、自然災害は自然の変化として捉えられるのである。それは、ただちに空の立場と同じ捉え方ではないにせよ、人びとに「無常感」を超える方向を示すものであろう。つまり、一般人としての一人ひとりの人間が「無常感」のうちに生きることを超えて復興へと向かうとき、近代以降において登場する科学的な認識の果たす役割に注目しよう。

そして、この科学的な認識を空の立場はどのように捉えるのか、その捉え方は「無常感」とは異なるのか、異なるとすれば、どのように異なるのかということについて検討しなければならない。その際問われるのは、空の立場に関わりつつも「無常感」の中に生きることの多かった一般人の立場がどのようにして位置づけられるのかということである。

1　「色」の変化としての地震と科学的な認識

空の立場から見れば、地震は「色」の変化である。しかし、日本の文化的伝統においては地震という災害が空の立場においてよりも「無常感」において感じ取られることが多く見られたのは確かであろう。これに対して、近代以降地震について科学的に認識されるようになった。このことは、「無常感」とは異なった態度が形成されてきたということを示しているであろう。この態度のもとでは、自然の変化がただ「無常」なものとして感じ取られるのではなく、自然において歴史的に生じた変化として科学的に認識されるようになるのである。自然の変化がこのように科学的に認識されるならば、そこには科学的な認識に基づいて「無常感」とは異なる態度が生じるであろう。

それは、例えば美しい風景の捉え方に見出される。美しい風景は、その中に生きてきた人間にとっては〈かけがえのないもの〉である。しかし、それは実は自然の歴史の中で生じたものであるという。したがって、それは永い自然の歴史から見れば、その変化の一つにすぎないものであることになるであろう。このことを次の記述が語っている。

大地震のたびに生ずる地盤の降起や沈降は、地質時代からたびたび繰り返されてきたために、海陸の分布や山地の地形は少しずつ変化してきた。こうした変動が、何億年もの昔から複雑に作用しあい、積み重なって現在の日本列島が形成されてきたのである。／日本人にとって、こよない天の贈り物である風景の美しさは、もとをただせば、このような激しい地殻変動の累積がもたらしたものだったのである。それはつまり、日本列島の生成そのものに内在する現象なのであって、この国土に住みつづけるかぎり、私たちは、いつどこで大地震や火山の大噴火に遭遇するかわからないという宿命を、つねに背負わされているということができよう。（伊藤 2002: ii）

このような科学的な認識のもとでは、東日本大震災の発生についても自然の変化のひとつとして捉えられるであろう。すなわち、東日本大震災は宮城県沖地震の活動間隔から見て政府の地震調査委員会による長期評価の範囲内（註11）に完全に収まっていた。

この長期評価の通りに、災害がまさに現実になってしまったのである。しかし、このような現実になってしまったにもかかわらず、地震そのものを対象として科学的に認識し、それを防ぐ科学的な営みが形成されてきたということは、「無常感」に基づく態度とは異なっているということを見落としてはならない。このことは、地震についての科学的な認識において思想的な営みとしての空の立場にあたる立場が取られるということである。というのは、科学的な認識において地震というものが自然の一つの〈形〉であることが示されていると考えられるからである。すなわち、自然という〈存在〉が変化することのない「実体」ではなく、変化のうちにあることを示す〈形〉として地震が位置づけられるのである。ここでの地震の位置づけは、空の立場においても言うことができるものである。つまり、地震は「色」の変化なのである。

ただし、科学的な認識に基づいた科学的な営みを定着させることは至難の業であると言わなければならない。一般人にとって、とりわけそのことを痛切に体験せられたのが東日本大震災における津波災害であった。

2 「色」の変化としての津波と科学的な認識

同じように、空の立場から見て津波もまた「色」の変化である。この認識は、津波を科学的に認識し、津波に対してこれを防ぐ科学的な営みとして対策を講じることに結びつくであろう。三陸海岸大津波に際しての災害体験を経て、「津波てんでんこ」という言葉に示されるような教訓が伝えられてきた（この教訓がどのように伝えられてきたかについて、幸津 2012：46-55 参照）。しかし、そのような教訓にもかかわらず東日本大震災において「風化」によって被害が増大してしまった、というようなことはなかったと願うばかりである。今回の大震災の被害について「風化」させてはならないという人びとの思いが何回も語られている（前述２・３参照）。この思いをどのようにして活かしていくのかが問われよう。

「風化」を防ぐためには、「語り継ぐこと」（註12）、つまり災害の記憶を次の世代に伝えていくことが重要であることは言うまでもない。この記憶を伝えるという点で、これまでもさまざまな努力が払われてきた。その努力の中で、津波災害を防ぐことに大きな役割を果たすものとして津波災害を防ぐための防災教育が挙げられよう。

このことは、空の立場にあたる立場として科学的な認識に基づく科学的な営みを厳しく維持していかなければ、「風化」の中で、ふたたび「無常感」の態度に後戻りしてしまうことを意味するであろう。ここでも、科学的な営みをその核心であるべき思想的な営みとして一般人の立場のもとで行なっていかなければならないという課題が生じている。すなわち、一般人をどのようにして科学的な営みの核心にある思想的な営みの〈主体〉として形成するかという課題である。そこには言うまでもなく、その時代における科学的な認識の発展段階が前提されており、当の課題もこの科学的な認識の発展段階に制約されている。しかし、どのような仕方であれ、大事なことはその時代なりの仕方でこの課題を解決するということである。

このような課題を解決する役割を果たしたものとして、戦中から戦後にかけて使われていた小学校の国語教科書（五年生用）に、『稲むらの火』という名教材があったという（註13）。以下に、教材『稲むらの火』を掲げよう。

稲むらの火

「これはただ事ではない。」

とつぶやきながら五兵衛は家から出てきた。今に地震は別に烈《はげ》しいという程のものではなかった。しかし長いゆったりとしたゆれ方と、うなるような地鳴りとは、老いた五兵衛に、今まで経験したことのない不気味なものであった。五兵衛は、自分の庭から、心配げに下の村を見下ろした。村では、豊年を祝うよい祭りの支度に心を取られて、さっきの地震には一向気がつかないもののようである。

村から海へ移した五兵衛の目は、忽《たちま》ちそこに吸い付けられてしまった。風とは反対に波が沖へ沖へと動いて、見る見る海岸には、広い砂原や黒い岩底が現れて来た。

「大変だ、津波がやって来るに違いない。」と、五兵衛は思った。このままにしておいたら四百の命が、村もろ共一のみにやられてしまう。もう一刻も猶予《ゆうよ》はできない。

「よし。」

と叫んで、家にかけ込んだ五兵衛は、大きな松明《たいまつ》を以て飛び出してきた。そこには取り入れるばかりになっているたくさんの稲束が積んである。

「もったいないが、これで村中の命が救えるのだ。」と五兵衛は、いきなりその稲むらの一つに火を移した。風にあふられて、火の手がぱっと上った。一つ又一つ、五兵衛は夢中で走った。こうして自分の田のすべての稲むらに火をつけてしまうと、松明を捨てた。まるで失神したように、彼はそこに突っ立ったまま、沖の方を眺めていた。

日はすでに没して、あたりがだんだん薄暗くなってきた。稲むらの火は天をこがした。山寺では、此の火を見て早鐘をつき出した。

「火事だ。庄屋さんの家だ。」と村の若い者は、急いで山手へかけ出した。続いて、老人も、女も、子供も、若者の後を追うようにかけ出した。

高台から見下ろしている五兵衛の目には、それが蟻《あり》の歩みのように、もどかしく思われた。やっと20人ほどの若者がかけ上って来た。彼らはすぐ火を消しにかかろうとする。五兵衛は大声に言った。

「うっちゃっておけ。——大変だ。村中の人に来てもらうんだ。」

村中の人は追々集まってきた。五兵衛は、後から後から上ってくる老幼男女を一人一人数えた。集まってきた人々は、燃えている稲むらと五兵衛の顔とを代る代る見くらべた。

その時、五兵衛は力一杯の声で叫んだ。

「見ろ。やって来たぞ。」

たそがれの薄明かりをすかして、五兵衛の指さす方を一同は見た。遠く海の端に、細い、暗い、一筋の線が見えた。その線は見る見る太くなった。広くなった。非常な速さで押し寄せて来た。

「津波だ。」

と、誰かが叫んだ。海水が絶壁《ぜっぺき》のように目の前に迫ったと思うと、山がのしかかってきたような重さと、百雷の一時に落ちたようなとどろきを以て、陸にぶつかった。人々は我を忘れて後ろへ飛びのいた。雲のように山手へ突進して来た水煙の外は、一時何も見えなかった。

人々は、自分等の村の上を荒れ狂って通る白い恐ろしい海を見た。二度三度、村の上を海は進み又退いた。

高台では、しばらく何の話し声もなかった。一同は波にえぐり取られてあとかたもなくなった村を、ただあきれて見下ろしていた。

稲むらの火は、風にあふられて又もえ上がり、夕やみに包まれたあたりを明るくした。始めて我にかえった村人は、此の火によって救われたのだと気がつくと、無言のまま五兵衛の前にひざまづいてしまった。

ただし、現在では津波についての科学的な認識はこの教材の記述の水準をはるかに超えている。すなわち、この記述から誤解が生じたことについて津波研究の専門家による警告がなされていることに注意しなければならない。

地球の表面はプレートに覆われており、海のプレートが陸のプレートの下に潜り込む量が一定値を超えると両プレートが剥離し地震が起こるのだが、海のプレートが陸のプレートの下に潜り込んでいるとは限らず、この〝ルール〟は確立していないという（河田 2010: 20-21 参照）。

ここに、『稲むらの火』の記述の問題点があるとされる。

一九三七年から四七年にかけて小学校の国語の教科書に使われた『稲むらの火』の記述の問題点はそこにある。文章自体が非常に津波をリアルに表現した素晴らしいものであったために、そこに書かれていることがすべて真実であるかのような錯覚を生み出してしまった。津波が来襲する様子を引き波で始まるように表現したため、読者は「いつも津波は引き波で始まる」ものと誤解してしまった。この教科書で勉強した人びとは、このように誤解したため、津波警報が出ると海に津波を見に行くという行為が、現在も後を絶たない。また、それが伝承され、若い人までもそれを信じてしまっている。二〇〇三年の三陸南地震の後に実施された気仙沼市の市民の調査では、津波の第一波が引き波で始まっていると信じている市民は何と九五パーセントを超えていることがわかった。（河田 2010：21-22）

この問題点への反省に立って、同著者によって書かれた新しい教材が使用されることになったという。

教科書の教材に、フィクションの部分とノンフィクションの部分を混在させた物語を用いたことに最大の原因がある。しかし、国語の教科書の教材で、防災をテーマとした本格的なものは過去六四年にわたって皆無であった。そこで、［中略］二〇一一年度から小学五年生の国語の検定教科書で『百年後のふるさとを守る』と題した筆者の教材が使用されることになった。『稲むらの火』の続編として、主人公の浜口儀兵衛の「次の南海地震津波に備えて、世界で最初の津波防波堤を私財をなげうって建設した」伝記と自助と共助による被災地の復興事業の大切さとともに、正確な津波の挙動を改めて子供たちに知ってもらいたいという願いが込められている。（河田 2010：22-23。同 158-173 参照）

ここには、現在における科学的な認識の発展段階が前提されている。その上で防災教育を通じて科学的な認識が習得される際に、自然現象についての誤解を克服することの重要性が述べられている。そして科学的な認識を一人ひとりの人間の態度のうちにどのようにして統合していくのかという課題が示されている。一般人にとっては、その課題を思想的な営みにおいて貫くことはなかなか難しい。一方では「無常感」のような態度を取ることにもなるであろう。しかし、他方では科学的な認識によって支えられ、〈かけがえのないもの〉への思いを「無常感」の中で受け止めることを超えて、現実の中で現そうとする態度も生じてくるであろう。そこに、一般人にとって思想的な営みとしての空の立場にあたる立場に向けての〈主体〉の形成が見出されるであろう。

3 「色」の変化としての原発事故と科学的な認識

原発事故について言えば、これもまた空の立場から見れば「色」の変化である。しかし、災害としてはどれも確かに同じく「色」の変化ではあるけれども、原発事故の場合は他の災害の場合における「色」の変化とは異なっている。

地震や津波は、どれほど大きなものであっても、自然において起きることが十分考えられる「色」の変化であろう。このこと自体については、人間にとってはそれらが起こらないようにしようとしても、起こってしまったときは起こってしまったのであって、どうしようもないことであろう。つまり、そのように人間というものが自然という〈存在〉の中でそのごく小さな一部分でしかない〈存在〉であることを確認する他はないと思われる。人間には、ただ自然の変化を静かに受け止め、できるだけ災害を防ぐ対策を講じるということ以外に何もできないであろう。

しかしながら、東日本大震災ではこのような地震や津波がもたらした甚大な災害にとどまらず、さらにこれらが原因となって福島第一原発事故による災害が惹き起こされた。ここに現代日本社会に生きる人間にとって、これまでの災害とは次元の異なる新しい事態が生じてしまったのである。すなわち、地震・津波による災害がこれからも想定されている現代日本社会において、そこに生きる人間が「複合」災害というまったく別の次元での災害の危険にさらされているという事態である。

「複合」災害の危険は、とりわけ原発事故の危険による。原発事故がそれだけでも大変な災害をもたらすということは、言うまでもない。その災害が何によってもたらされるのかと言えば、それは原発という〈存在〉の本質によってもたらされるものである。ではどのようなことからそのように言うのかについて根拠を示し、その上で当の〈存在〉の本質が人間にとって何を意味するのかについて明らかにしなければならない。

そもそもその本質をめぐって注目されるべきことは、原発というものが事故を起こしていない状態にあるとしても、もともとの自然にはなかったものであり、自然の範囲を超えているということである。その際見落とされてはならないのは、原発が生まれたこと自体に人間が関わっているということである。したがって、原発は空の立場から見れば人間が作ったその仕組みを含めて、人間という「色」と不可分の「色」である。この点で、原発という「色」はすべての自然災害の「色」とは異なっている。原発は、近代の科学的な認識による自然の探究の結果として生み出されたものであるが、それが惹き起こした原発事故において端的にその本質が当の自然の範囲を逸脱したものであることを明らかにした。つまり、原発はとりわけその事故において人間による自然の支配というものが人間にとって不可能であることを知らしめたのである。

現代日本社会において生きるほとんどの人間（つまり一般人）は、専門家などの少数の人間以外には原発における人間による自然の支配が不可能であることを知らないまま、あるいは少なくともそれがどのようなものであるかを吟味することなく、今回の福島第一原発事故による災害を被ってしまったのではないだろうか。つまり、ほとんどの人間は原発事故による災害という事態に直面することによってはじめて原発という〈存在〉の本質を知らされることになったのである。

自分の生活において前提される科学的な営みのもとで、一人ひとりの人間（その大部分は一般人）は、当の災害が起きるまではこの科学的な営みの提供するエネルギーの質を問うこともなく、エネルギーをただ享受する態度を取ってきただけなのかもしれない。しかし、そのような態度は、高木仁三郎が指摘するように、実は他ならぬ原子力の専門家の間での議論において見られたようである。以下、高木の議論に即して考えてみたい。

原子力産業の基礎作りの段階で、その内部に在籍して研究に携わっていた高木によれば、研究について「議論なし」「批判なし」の「真空状態」であり、「原子力文化」について「思想なし」だったという。

本当の質的な意味での議論や批判は行われていないのです。

今から考えるとそれは非常に怖いことで、そういう意味では一九六〇年代、六〇年から六五年くらいまでの間の私が原子力企業にいた期間は、日本の原子力産業の基礎を築く一番大事な時期だったはずなのに、恐ろしく真空状態でした。また、原子力文化をいったいどのように創造するのかという思想もありませんでした。議論なし、批判なし、思想なし、の状態だったのではないかと思います。

そういうことがその後の原子力文化というものの欠落を生み出し、したがって安全文化というようなことをきちんと議論する土壌もできなかったのではないかと言えます。（高木 2000:35）

「原子力文化」や「安全文化」について考えるためには、人間が自然の変化にどのように関わるべきかを捉えることが求められよう。その際自然の変化というものにおいては、この変化を自然の法則の範囲に留めることが必要であろう。その点をめぐって、原発の技術についての高木の次の指摘が説得的である。すなわち、この技術は人間と自然との関係を人間が自然を究極的な仕方で「アクティブ」に制御する現代技術の極致であるという指摘である。これに対して自然の法則に従う「パッシブ」な技術が対置される（ここでは高木の用いる「技術」という語を本書での「科学的な営み」を構成するものとして理解する）。

ここで問われるのは、技術を通じて形成される「システム」がどのような方向で作られるのかということである。つまり、「システム」になった科学的な営みは二つの方向、「アクティブ」な方向か「パッシブ」な方向かのいずれを取るのかが問われる。

その際科学者の立場というものを想定するならば、「システム」になった科学的な営みを「アクティブ」な方向か「パッシブ」な方向かに推し進める科学者の立場を想定することができよう。そして「システム」というものを広い意味では社会的なものと考えれば、それが一般人にとっては自分たちの生活の前提になるであろう。つまり、ここでのほとんど人間つまり一般人の取る態度は、自然の法則に逆らうのか、それに従うのかで、二つの方向に分かれることになる。つまり、これらいずれかにおいて「集団的実践」が推し進められるのである。

原発は自然の法則に逆らったシステムの典型みたいなものですが、それに対するパッシビズムの極致というのは、自然の法則にもっと従ったシステム、たとえば太陽熱のように基本的に循環の中でエネルギーを賄っていくようなシステムです。そういうシステムへと全体が移行していくようになれば、安全の問題にも解決が望めるように思います。いま我われをとりまいている安全への懸念は、パッシビズムの方向に解消していくのではないでしょうか。（高木 2000:178-179）

ここで空の立場から見て注目されることは、「パッシビズムの極致」として「自然の法則にもっと従ったシステム」が捉えられ、その例として「太陽熱のように基本的に循環の中でエネルギーを賄っていくようなシステム」が挙げられているということである。ここでの「循環」とは、そのうちで「パッシブ」な方向で自然に関わる態度を取る人間を含むものであろう。

これに対して、原発という「システム」は、高木に従えば「パッシビズム」とは正反対の方向に向かうものとして「アクティビズムの極致の技術」である。空の立場から見れば、「アクティビズム」の〈主体〉が人間である限り、この人間という「色」が実は原発という「色」のもたらす問題の根源そのものであることになろう。このとき問われるのは、人間が「安全文化」を担う〈主体〉であるのかどうかである。

技術というものが本来向かうべき方向について高木が求めるのは、「現代技術の非武装化」における平和的な方向である。すなわち、この方向において「本当に安全文化を考えること」が求められるという。つまり、ここに「安全文化」を担う〈主体〉による思想的な営みが見出されることになろう。


私はここで単純に原発の問題から反原発論へということを言うつもりはありませんが、原発というのはアクティビズムの極致の技術ですから、そこにはやはり自然の法則に逆らって人間が巨大な能動的な装置を持ち込み、自然界を制御しているようなところがあるわけです。そのようなものの考え方や制御の仕方、システムのあり方は、これからは古くなってくるかもしれない。そういうものに依らない文化を考えることが、本当に安全文化を考えることであると思います。

私はかつて、「現代技術の非武装化」という言い方をしたことがあります。それは私の問題意識として常にありました。現代技術というのは、非常にアクティブで、自然界に対してダイナミックな力をもって介入していくようなところがあります。いったんそれが破綻すれば大事故にもつながるし、戦争の道具にも使われるような強力さを持っています。それに対して、多少作業能率を落としてもいいから、もう少しパッシブで平和的で、大きな破綻や事故を招かないで済むようなシステムを取り入れていく方向に技術というものを考えていくことが、本当に安全文化を考えることになるのではないでしょうか。

そういう視点から、真に我われが安全に生きられる文化というのはどういう方向にあるのか、それを考えるところから安全文化というものを構築していく。そういうところまでいかないと、今のように原子力システムの安全な動かし方といった狭い範囲の中だけで安全文化を考えていたのでは、どうもだめなのではないか、これが結論であります。（高木 2000:179-180）

こうして空の立場から見れば、原発も確かに「色」としての〈存在〉である。しかし原発は、人間と自然との関係における人間の側からの自然に対する支配（ここでは「制御」と言うよりもむしろ「支配」と理解する）の究極の〈存在〉であることになろう。このことを明らかにしたのは、原発事故である。原発事故は、原発という「色」としての〈存在〉が変化した一つの〈形〉なのだが、自然の法則に逆らって人間が技術をもって自然に介入するとどのようなことになるか、を示したのである。

原発事故において、原発における人間と自然との関係をめぐって次のことが示された。すなわち、原発によって人間は自然を支配しようとしたけれども、そもそも自然というものは人間が支配することのできないものであるということである。地震や津波は、そのような自然の働きである。そして人間は、その自然の働きには受動的である他はない。つまり、人間はあくまで自然の働きに従い、その一部分としてのみ働くことができるのである。

近代以降、このような人間と自然との関係についての科学的な認識が積み重ねられてきたはずである。そのことによって、日本の文化的伝統のうちの「無常感」を超える態度も形成されてきたと思われる。これに対して、原発は科学的な認識のこのような積み重ねに反する〈存在〉であることになる。つまり、原発に示される人間の働きは、もともとのその規定、つまり自然の働きの一部分としての働きという規定から外れているのである。

この自然の変化における自然の働きと合致する立場として空の立場があろう。この立場は、人間中心主義を含むあらゆる中心主義を超えている。というのは、この立場はあらゆる〈存在〉を同等のものにするからである。それぞれの〈存在〉を中心とすれば、あらゆるところに中心があることになる。先に述べたように、その意味はどこにも中心が存在しないということである。それ故に空の立場は、あらゆる中心主義を超えているのである。

何らかの〈存在〉を中心とするものの中で人間という〈存在〉を中心とするものは、人間中心主義に基づいている。原発は、その人間中心主義の究極の〈存在〉として捉えられよう。そして原発のような「システム」になった科学的な営みは、自然の法則の範囲を逸脱して自然を人間中心主義的に支配しようとするものとして位置づけられるであろう。

これに対して、先の「循環」する「システム」とはおそらくあらゆる中心主義を排除するものであろう。というのも、そのうちでは人間はあくまで「パッシブ」な態度を取るのであり、いかなる中心でもないからである。そうであるならば、このような「システム」が空の立場に合致するものであろう。

したがって、原発は空の立場とは正反対のものとして位置づけられる。そもそも原発というものは、日本の文化的伝統の主要な一部分である空の立場と共存することができないものであると言わざるを得ない。

こうして、原発は「色」という〈存在〉であるが、原理的に空の立場に反するものである。それ故、原発は人間とは共存することができない。というのも、空の立場から見れば、あらゆる中心主義を超えるところに、人間にとっての本来の境地があるからである。すなわち、人間というものは、「色」としての〈存在〉の一つにすぎないものであって、本来他の〈存在〉を支配するような〈存在〉ではないのである。にもかかわらず、人間は他の〈存在〉を支配しようとする人間中心主義の態度を取ることもできる特殊な〈存在〉である。したがって、この本来の境地の実現のためには人間は原発における人間中心主義を克服しなければならない。つまり、人間として生きるためには人間という〈存在〉にとって原発という人間中心主義の究極の〈存在〉をなくすことが不可欠なのである。

そこで問われるのは、ではどのようにして原発という〈存在〉をなくすことができるのかということである。その答えは、原発という人間中心主義の究極である〈存在〉の本質のうちに見出すことができよう。すなわち、原発とは人間中心主義の態度を取る人間が集団として作り出した〈存在〉であり、したがって原発事故とは人間が集団として惹き起こしているものである。このような原発という〈存在〉の本質から見て、原発という〈存在〉をなくすためには、そしてそのことによって原発における人間中心主義を克服するためには、人間が空の立場にあたる立場を集団的に実践するということが求められるであろう。

そこで、問われるのは当の立場を実践する〈主体〉をどのように形成するのかということである。この問いに答えるためには、人間が原発という〈存在〉を前提した場合、原発事故によって自然はどのような事態になるのか、そして人間相互はどのようになるのかを明らかにしなければならない。

4　原発事故による災害で起きること

自然にとって原発事故による災害とは何か

まず、自然にとって原発事故による災害の事態がどのようになるのかについて、人間は想像する他はない。その想像について次の描写を参照したい。その描写によれば、自然が原発事故後もそれ以前と同じようにその変化のなかにあり続けるのに対して、愚かな人間の姿が対置されている。

サルが食べていた柿の実も、放射能で汚染されている。イノシシが食べていた作物もそうだろう。そんなこと、彼らは知らない。知ることもない。／放射能の影響で体に異変が起きて、死んでも、彼らはそれを嘆くでもなく、誰かを恨むでもなく、死んでいく。朽ちて土に帰り、森や山になっていく。水になり、川を下り、海に出る。そうやって、自然に帰っていく。元来た場所に帰る。／彼らにとって、それはもう何千年、何万年も繰り返されてきた営みなのだ。／そこに、愚かな人間が割り込んできて、愚かな失敗をした。彼らにすれば、ただそれだけのことだ。（鳥賀陽 2012:79）

村には生命があふれていた。私はたった一人でその中にいた。自然は、もう何万年も繰り返してきたのと同じように、春を迎えていた。何も特別なことはない。２０１１年の３月11日から、人間だけがひとり愚かだった。／私はたった一人、見つめられていた。飯舘村の放射能プールで生まれたカエルに。（鳥賀陽 2012：33）

放射能災害によって生じる「差別」

次に、原発事故による災害によって人間相互の関係においてどのようなことが生じるのかが検討されなければならない。

先のように描写された自然の変化に対置される人間の愚かな姿は、原発における人間中心主義によるものであろう。すなわち、この人間中心主義は、原子力発電を行うことによって自然の許容する範囲を超え、エネルギーを人間にとって都合のよいように利用しようとする。原発事故が起これば、あらゆるものを放射能による支配のもとにおく。空の立場から見れば、原発という「色」が原発事故においてその「実体」であることが否定されるはずである。ところが、原発事故による放射能災害はむしろ原発という「色」を「実体」化させる。このことを一般人の立場で見れば、原発という「安全」であるはずの〈存在〉が原発事故という〈形〉で変化して放射能災害をもたらすのである。一人ひとりの人間（その大部分は一般人）にとっては、「実体」化した原発を否定する空の立場を受け容れ、「色即是空」を実現することで、「安全」を確保するということが不可避的となるであろう。

原発事故による災害は、地殻変動のような変化が惹き起こす地震・津波による災害とは異なるものであろう。地震・津波による災害は〈見える〉ものであり、それ故、それらがすべてのもの、とりわけ〈かけがえのないもの〉を失わせたということは誰にでも分かることである。というのは、少なくとも自然の法則の範囲においては「色」である自然の変化が〈見える〉ものだからである。これに対して、原発事故による災害は直接誰にでも分かるというわけにはいかない。すなわち、原発事故は地震・津波災害とは異なる放射能災害を惹き起こす。放射能災害をもたらす自然の変化は、自然の法則の範囲における変化とは異なる。放射能災害においては、変化が放射能汚染という〈見えない〉ものになってしまった。放射能災害は、数値化されるにせよ、〈見えない〉もの（放射能は「見えない津波」と言われている。「負げねど飯舘」プロジェクトサイト参照）であり、ほとんど永続的である。そこに、放射能災害の問題がある。

福島第一原発事故においては、事故の後も放射能災害への不安・恐怖・風評被害がいまなお続いている。このように、原発における人間中心主義は一人ひとりの人間を不安・恐怖・風評被害に陥れているのである。その結果生じているのは、放射能災害への不安・恐怖・風評被害に加えて、さらに人間相互の関係における「差別」である。

この「差別」については、例えば次のような声に耳を傾けよう。

郡山市　喫茶店経営　小川芳江さん

友達の娘さんは高校生なんですけど、チェルノブイリの話や放射能の危険について聞かせて、一応本人に「疎開する?」って聞いたら「友達から離れるのは嫌だし、友達置いて自分だけ逃げるのも嫌だ」って。そして最後に「私は将来結婚するとしても、子どもは産みません。そういう覚悟でここに残る」って言ったんですって。だから、そのお母さんは泣いてましたよ。でも、高校生の間では結構そういう話をしているみたいです。

あるところで出会った人は、個人的にはいい人なんですが、私に「いや、うちの孫、将来お嫁さんにもらう時に、福島の人はもらえないなぁ」と言ったんです。いやー。これはきついなぁって。やっぱりショックでしたね（広河 2011:137）

飯舘村　酪農家　長谷川健一さん

［2011年］7月下旬頃、線量の最も高い長泥地区の区長さん——私の友達なんですけれども、その方が私のところに来て、ポツッと言った言葉があるんです。生涯忘れることができないんだけれども。

「おれの地区の女子高校生、こういうこと言うんだぞ」

「なんだ？」

「女子高校生——私らもう結婚なんかできないべな。それでもいいという相手が仮に見つかったとしても、子どもなんか恐くて産めね。長谷川さん、俺のほうの女子高校生、こういうこと言うんだぞ。どう思う？」

どう思うと言われても、私は何も言えなかった、それに対しては。広島でも長崎でも差別が起きましたよね、原爆の時。それと同じ事が、今の子どもたちに、これから福島——飯舘村で必ず起きるんです。もう起きています。それはわれわれみんな、今生きている人たちで、今の世代の人たちで、そういう差別の起きない社会作りをこれからはやっていかなくちゃならないだろうと思うんです。
飯舘村の、そして福島県の子どもたち。生涯、飯舘村生まれと戸籍に残っているんです。彼らは背負っていくんです。この差別、どうやったら起きないか、それは私にもわかりません。でもこれからはそういう社会づくりをしていかなくてはならないんだろうな。(長谷川 2012:48)

原発事故と原爆との関係については、本書の範囲を超えており、述べることはできない(註14)。ここで述べることができるとすれば、次のことのみである。すなわち、そもそも実際の放射能災害が生じるのかどうか以前に、すでにそのような不安・恐怖・風評被害さらに「差別」があること自体が原発という〈存在〉の本質に基づいているということである。

空の立場から見れば、原発は先に述べたように「色」であり、原理的には「色即是空」という点において、それが「空」であることは言うまでもない。しかし、原発の場合「空」であることが示されるのは、とりわけ原発事故という〈形〉においてである。それは、自然の場合の地震や津波という〈形〉における「空」とは異なる。地震や津波は過酷ではあるが、それも自然の変化であり、自然の法則の範囲内にある。この変化に対しては、人間には当の自然の中に生きるものとしてこれまで多大の犠牲の上に何とかこれに対応してきたし、さらにこれからも対応していくであろう。しかし、このような自然の変化の場合と原発の場合とでは事情が異なる。

原発の場合、実はその〈存在〉そのものが無害ではないもの、つまり「安全」ではないものであるということ、このことがその〈存在〉の本質なのである。このような捉え方について、本書は専門家の次の指摘を受け止めたい。

私たちが原子力発電に手を染めてしまった以上、必ず「死の灰」の後始末という仕事が最後に残ります。今まで多くの研究者がなんとか「死の灰」を無害化できないかと、必死の研究を続けてきました。できなければ大変になることを、みんなが分かっていたのです。しかし、残念なことに人間はその力をいまだに持っていません。（小出 2011:177）

このように、人間は自分の作り出した原発から生じる放射性廃棄物を無害化する力を持っていないのである。そうであるとすれば、有害な放射性廃棄物は、どこまでも残り続けるであろう。したがって、この放射性廃棄物を生じさせる原発は空の立場における「空」であることを否定する「実体」であることになる。

ここに生じているのは、空の立場から見て人間の作り出した原発が「実体」であるというありえない事態である。しかし、原発とは「実体」でもなんでもない。というのは、実は原発という「実体」なるものには先に述べたように、始めから人間が関わっているからである。すなわち、そのような事態について空の立場から見れば、原発という「空」であることを否定する「実体」なるものは人間という「色」が作り出しているものにすぎないのである。今回の原発事故で、「色」である原発とはその「色」の変化である原発事故による放射能災害においてその「空」であることを示すはずであったが、空の立場に反して実はそれが「実体」として固定され、あたかも「色即是空」であることが否定されるように見えるというわけである。したがって、この人間という「色」はもともと「空」なのであるから、原発においてもまた「色即是空」が貫かれるはずである。

一般人の立場から見ても、原発という〈存在〉とは人間が働かせるものであって、人間という〈存在〉が自然の法則の範囲を超えようとする人間中心主義の態度を取るときの一つの〈形〉にすぎないものである。それ故、一般人が空の立場を受け容れるならば、原発が「実体」なるものであることはありえない。すなわち、人間という「色」が自分たちの〈存在〉において原発という〈形〉を否定し、そのことを通じて自分たちが「空」であることを示すことによって、原発という「色」とは「空」であることが貫かれるのである。

そこで、一般人の立場から問われるのは、人間がどのようにして原発において示される人間中心主義の究極の態度を克服することできるのか、つまり、空の立場にあたる立場を人間がどのような思想的な営みに基づいて実践するのかということである。

この実践の前提になるのは、現代日本社会に生きる一人ひとりの人間が、つまりその大部分の一般人が、原発とはどのような〈存在〉であるのか、その本質について認識することである。原発という〈存在〉の本質について明らかにされたのは、先に述べたようにとりわけ今回の事故においてである。というのも、そのほとんどすべての人間が専門家ではなく一般人であるのだから、それまで原発の〈存在〉の本質について科学的に認識していなかったとしても無理のないことであろう。原発の「安全」について議論する専門家にとっては当たり前のことが、一般人にとってはまったく当たり前のことではなかったのである。専門家による無害化のための努力はなされているであろう（すでに作られてしまった放射性廃棄物を無害化する努力が不可欠であることは言うまでもない）。それにもかかわらず、原発事故という〈形〉によって放射能災害への不安・恐怖・風評被害が強まるところに、原発という〈存在〉の本質が一般人にとってもあらわになったと言えよう。すなわち、一般人は自分たちという〈存在〉が原発という「安全」ではない〈存在〉を前提し、この〈存在〉との関係のうちに生きていることについて原発事故において認識せざるを得なかったのである。

このような認識から、一人ひとりの人間には空の立場を受け容れるならば、次のような実践が求められるであろう。すなわち、これまで原発という「色」を前提した上でこの「色」との関係のうちに生きてきたけれども、このような自分たちの「色」を否定する方向（「色即是空」）において、そしてさらに新しい「色」を作り出す方向（「空即是色」）において行なわれる実践である。というのも、そのような実践がなければ、自分たちの「色」そのものをまさに「安全」に保つことはできないからである。

この実践は、同時に先に述べた「差別」を克服するものである。当の「差別」は、原発事故による放射能災害がまさに「安全」を脅かしていることから生じたものである。それもまた人間相互の関係の一つの在り方であるが、もともと人間中心主義の究極である原発という〈存在〉を固定させ「実体」化させるものであろう。

「差別」の克服は、当の実践の一部分をなしている。この実践の中で自分たちの「色」が否定されることの一部分として当の「差別」は原発という「色」を「実体」化させるものとして否定され、そして、新しい「色」を作り出すことによって克服されるであろう。

ここに、「空即是色」の次のような意味があると思われる。すなわち、原発はその事故において「色即是空」であることを示したはずだが、実はそれが人間の態度によって逆に「実体」化されようとしていること、これに対して一人ひとりの人間はこれまで原発という「色」を前提し、それとの関係のうちに生きてきたけれども、原発事故を出発点に自分たちの「色」の在り方を否定した上で、これを作り直さなければならないことという意味である。このように「空即是色」において、原発という「色」を前提しない自分たちの新しい「色」を作り出すことが求められるのである。こうして、一般人の立場は思想的な営みとしての空の立場によって根拠づけられる。逆に、思想的な営みとしての空の立場は一般人の立場における実践によって実現されるのである。

5　新しい「色」を作り出すこと

「空即是色」のうちにある人間は、「色即是空」であることを知っている。つまり、いま自分が作り出している新しい〈形〉の「色」が「実体」のないものであることを分かっているのである。しかし、にもかかわらず、人間はその人間なりに「色」を作り出さざるを得ない。それは、その人間の人生そのものである。自分の人生が「空」であることを知りつつも、「色」を作り出すことは「実体」のないものを作り出そうとするのであるから、一つの矛盾であると言わざるを得ないことになろう。では、被災によって「色即是空」であるということを痛切に体験させられたにもかかわらず、何故に人間は復興を目指して生きようとするのだろうか。

人間の態度として復興を目指して生きるという態度を取ることについては、必ずそのようになることが決まっているわけではない。中にはこの態度を取らず、「無常感」の中に入り込んでそこから出て行かない、あるいは出ていくことができないという態度を取る人間もいるかもしれない。それは、〈かけがえのないもの〉にこだわらないという態度であろう。しかし、人間というものはそのような状況にあっても生きていかなければならない。そのとき、人間は結局自分自身の〈存在〉を肯定せざるを得ない。そうであるとすれば、人間は「空即是色」であるという空の立場にあたる立場を貫くようにもなるのである。

この空の立場にあたる立場とは、専門家の立場ではない。つまり、宗教者（ここでは仏教者）の立場でもなければ、また科学者の立場（ここでは「パッシビズム」を取る科学者を想定している）でもない。ほとんどの人間は、宗教者の立場や科学者の立場を離れている〈存在〉であり、そのときには宗教者の立場や科学者の立場とは異なる立場、本書で言えば一般人の立場を取るのである。

一般人の立場を取る人間は、社会的な慣習になった宗教的な営みに参加することがあるだろう。その際、日本の文化的伝統のもとで「無常感」の態度を取るかもしれない。しかし、また「日本特有の死生観」あるいは「日本人の死生観」に基づく態度を取ることもあろう。後者の態度においては、この宗教的な営みの核心にある思想的な営みとしての空の立場に深い関心を寄せることであろう。そのような関心に基づいて、ほとんどの人間は〈かけがえのないもの〉にこだわらないという態度（「無常感」）を取ることがあるとしても、しかしそれによって終わることのできない〈存在〉である。すなわち、なおその〈存在〉の新しい〈形〉、つまり、思想的な営みとしての空の立場にあたる立場を取り、そこにおいて「色」にあたるものを作り出さずにはいられないのである。

そのとき、「無常感」を超えて自然の変化を捉える科学的な認識をできるかぎり習得し、さらに「アクティビズム」を否定し「パッシビズム」に従う科学者の立場に学ぶことであろう。そして、自分たちで「パッシビズム」による社会的な「システム」になった科学的な営みを作り出すのである。逆に言えば、このような在り方における科学的な営みは、その核心において思想的な営みとしての空の立場にあたる立場によって根拠づけられているであろう。つまり、社会的な「システム」になった科学的な営みは、日常の生活における一般人の思想的な営みと一体化しているのである（本書は飯舘村の実践にその例を見出している。後述参照）。

「色」が「空」であること、すなわち「色即是空」を知っている人間は、失われた「色」が〈かけがえのないもの〉であったことを知っている。そのことを知っているからこそ、「空即是色」において〈かけがえのないもの〉を新しく作り出そうとするのである。これは、ただ〈かけがえのないもの〉にこだわらないという態度とは異なり、これを超える態度ではないだろうか。この態度によって、自分という〈存在〉に新しい「色」としての意味を与えるのである（「負げねど飯舘」という表現のうちに、そのような態度を見出すことができよう。前掲サイト参照）。

ところで、「復興」とは「人間の復興」であると言われる（後述参照）。この場合、その言い方が十分に事態を捉えているのかどうか、空の立場から問う必要があると思われる。すなわち、あらゆる〈存在〉を対象にする空の立場から「復興」を捉える必要があるのである。その点から見れば、「復興」においてはそれが「人間の」とされることの意味をめぐって、「人間」が「復興」以前の「色」

としての自分自身との関係・人間相互の関係・人間と自然との関係を完全に転換することが求められよう。すなわち、ここでの「空即是色」とは、その悲しみを超えていくプロセスにおいて新しい「色」としての自分自身との関係・人間相互の関係・人間と自然との関係が作り出されることを意味するであろう。それこそ「いま」求められている「復興」であろう。〈かけがえのないもの〉は一度失われている。「色即是空」において失われたものが失われたことを悲しみ、とりわけ多くの亡くなった人びとを悼みつつ、そこで「空即是色」において新しい「色」としての〈かけがえのないもの〉を作り出すことが求められよう。

東日本大震災で亡くなった人びとの無念を思いつつ、原発事故による災難を超えて復興を目指して生きる人びとがいる。これらの人びとは、これから生きることを「空即是色」の境地にあたる境地に結びつけるであろう。ここに、空の立場から見れば「空即是色」における新しい「色」が見出される。一般人の立場から見れば、〈存在〉の新しい〈形〉がある。ここにも追悼と復興とを重ね合わせる境地があると言えよう。

第7章　福島県飯舘村の実践における「人間の復興」

1　人間中心主義を超える「人間の復興」――「個人の尊重」

従来の研究において、「復興」の理念について明らかにされている。それによれば、「復興」とは「人間の復興」であり、それは日本国憲法第一三条における「個人の尊重」の実現にあるという（註15）。日本国憲法第一三条は次の通りである。

第一三条【個人の尊重と公共の福祉】　すべて国民は、個人として尊重される。生命、自由及び幸福追求に対する国民の権利については、公共の福祉に反しない限り、立法その他の国政の上で、最大の尊重を必要とする。（講談社学術文庫17）

ここに記された災害からの「復興」の捉え方について学びたい。本書として加えるとすれば、この場合の「人間の復興」における「人間」について考えることである。そこで問われるのは、そもそも復興の必要性が生じたのは災害による被災である以上、「天災」・「人災」という災害の種類に応じて復興の〈主体〉である「人間」をどのように規定するか、ということである。

地震・津波という「天災」による災害からの復興についてはそこで求められる「個人の尊重」についての認識を共有することは比較的容易であると思われる。圧倒的な自然の働きの前に人間はただ災害への対策を講じることによって「個人の尊重」を貫く他はないであろう。ここでは、人間相互の関係の在り方が課題として正面から立てられ、「個人の尊重」自体が実践の内容になるであろう。これとは異なり、原発事故による災害は「人災」であり、何をもって「個人の尊重」とするか、認識を共有することはより困難であろう。というのは、原発事故という人間によって惹き起こされた災害からの復興であるが故に、一人ひとりの人間にとって原発についての根本的な態度決定が要求されるからである。

この態度決定をめぐって、本書として次のように言わざるを得ない。すなわち、原発というものは人間中心主義に基づいているのであり、したがって原発事故による災害は人間中心主義がもたらした、と。そして、原発事故による災害をもたらした原発の人間中心主義こそ「個人の尊重」を否定するものである、と。この点に関連して、先に触れたような放射能災害への不安・恐怖・風評被害さらに「差別」を生じさせていること自体がまさに「個人の尊重」を否定するもの以外の何ものでもないと指摘することができよう。

このように見れば、「個人の尊重」の理念による「人間の復興」とは原発の人間中心主義を克服することに基づいているのである。この克服のためには、人間中心主義を含めてあらゆる中心主義を超える方向が求められるであろう。すなわち、一人ひとりの人間は人間中心主義を克服することにおいて、はじめて本来的に人間として生きるのである。

本書としては、思想的な営みとしての空の立場においてそのような方向を見出している。しかしながら、一般人としては多くの場合宗教的な営みを介してほとんど初めて触れることになる空の立場を取ることは容易ではない。そこで求められるのは、いわば実質的に思想的な営みとしての空の立場を実践することである。そのような実践を行なう「人間」こそが「人間の復興」の〈主体〉となるであろう。その〈主体〉の形成のためには、言うまでもなく一人ひとりの人間の尊重、つまり「個人の尊重」が前提されなければならない。

本書の立場としての一般人の立場から見れば、「個人の尊重」とは〈かけがえのないもの〉の尊重の一つに位置づけられよう。それは、空の立場から見れば、「個人」とは「色」の一つであり、(東日本大震災・福島第一原発事故に見られたように)「色即是空」において否定されざるを得ない。しかし、「空即是色」において新しい「色」(復興の〈主体〉である「個人」)として現われるであろう。

この新しい「色」とは、一般人の立場から見れば、一人ひとりの人間が自分自身との関係・人間相互の関係・人間と自然との関係において真摯に〈主体〉を形成し、そして〈かけがえのないもの〉の尊重、したがって「個人の尊重」を貫くことによって生じるものであろう。というのは、先に述べたように、一般人にとっては空の立場を取ることは容易ではないので、実質的に思想的な営みとしての空の立場を実践することのできる一般人なりの実践の在り方が求められるからである。そのとき、

「個人の尊重」には何らかの宗教的な意味があるわけではなくて、したがって宗教的な営みが前提されていないということが不可欠であろう。その点、日本国憲法第一三条の条文に含まれるものとして、「個人の尊重」は一般人にとって「人間の復興」の〈主体〉としてのその実践を導く理念になることができるであろう。一般人がどのような方向を取るにせよ、一般人の立場を貫くことと「個人の尊重」の理念とは実践の内容において重なっているのではないだろうか。その際、一般人は「人間」というものの把握において歴史的に蓄積された「個人の尊重」に基づいて、いわば「人間」であることを実践的に作っていくのであろう。そのことは、同時に一般人が空の立場を思想的な営みとして実践していくことになろう。

そこで、「人間の復興」の〈主体〉としての「人間」の規定をどのように捉えるのかをより具体的に示すように試みたい。その具体例を飯舘村の実践のうちに探ることにしよう。本書の文脈では思想的な営みとしての空の立場に基づく実践が問われるわけであるが、飯舘村の実践は直接には空の立場に基づく実践には関わらない。というのも、飯舘村の実践は同じく思想的な営みであっても社会的な慣習になった宗教的な営みとは異なっているからである。それは、おそらく宗教からは離れて当の地域の中で一般人によって伝えられてきた社会的な慣習になった思想的な営みに基づいているであろう。

飯舘村では、その実践の理念を大震災以前から「までい」という言葉で表現している。この理念の上にこれをどのように実現するかが村民にとって実践の課題になっている。この課題は、村民の「一人ひとりの復興」（後述参照）と表現されている。この課題の解決は、飯舘村流の「個人の尊重」の実現であろう。さらに根本的には、「までい」とは村の中で社会的な慣習になった思想的な営みに基づくものであり、そこに空の立場にあたる立場を見出すことができよう。

2 「までい」という理念

「までい」の語義

「までい」という言葉について次のように説明されている。

〝までい〟とは……「真手（まて）」という古語が語源で、左右揃った手、両手の意味。それが転じて、手間ひま惜しまず丁寧に心をこめて　つつましく　という意味で現在では東北地方で使われている方言です。今風に言えば、エコ・もったいない・節約、思いやりの心・人へのやさしさです。そんな飯舘流スローライフを〝までいライフ〟と呼んでいます。（『までいの力』19）

語源については、古語辞典において上記の説明と同様に規定されている（出典例は省略）。

まで【真手・両手】《マは接頭語》左右の手。両手。（古語辞典1195）

国語辞典にも記載されている。ただし、出典例は古語辞典と同じものが挙げられており、現代語としてではなく、古語がそのまま挙げられているのかもしれない（「て」は濁らない）。

まて【真手】もろて。左右の手。両手。（広辞苑（2）2086）。（「ま」は二つ揃っていて、完全である意）左右の手。両手。もろて。（広辞苑（6）2655）

「まで」とは「接頭語」の「マ」＋「て」（「手」、古語辞典876）からなる語である。「接頭語」の「マ」の意味によって、語源から転じての意味が「て」の在り方として示されているのであろう。

ま【真】《「片（かた）」の対。名詞・動詞・形容詞について、揃っている、完全である、本物である、すぐれているなどの意を表わす》①二つ揃っていて完全である意。②本物である、本格的である、偽りがない意。③その種類の中で特にすぐれている意。④立派な機能を備えている意。⑤純粋である意。⑥正式・本式であること。仮《かり》のものでも、略式のものでもないこと。⑦狂いなく的確・正確であること。（古語辞典1178）

本書として根拠づけることはできないけれども、「まで」の前に出る語「まて」も、あるいは上記の用法のうち転じての用法に関わりがあるかもしれない。

まて《マタシ（全）と同根》律儀。まじめ。実直。（古語辞典1195）

また同根とされる「マタシ」では当の転じての用法に関わりがあるとすれば、おそらく①②③が「までい」の用法に関わることになろう。

またし【全し】①完全である。そこなわれていない。②完璧である。欠点やすきがない。③正直である。誠実である。④おとなしい。柔和である。⑤愚直である。馬鹿正直である。（古語辞典1190）

い［助］もともとはコト・モノを意味する体言であったらしい。イは本来は体言で、それから、体言を示す接尾語として使われた［中略］。その後イは用法が拡がり、助詞として多く主格の語の下に使われた。平安時代に入ると主に法相宗関係の仏典の訓読に主格を示す助詞として残存し、やがて一般には衰亡した。［中略］①連帯格を示す。②主格を示す。③補格を示す。［接尾］コト・モノの意を表わす。（古語辞典80）

こうして、「までい」という語は「まで」＋「い」からなっており、「まで」という「て」の在り方をコト・モノとして強調して示す語であることになろう。それは、日本の文化的伝統の一部分となっているものとして興味深い。

「までい」という言葉との出会い

「までい」という語の意味を考える上で、飯舘村での村民と「までい」という言葉との出会いはどのようなものであったのかが興味深い。当の出会い（実はこの「昔なじみの言葉」の再認識）は、村長によって提案された村の「第5次総合振興計画」（通称・5次総）での「スローライフ」という言葉が村民から猛反対を受けたところから始まったという。

みんな「スロー」という言葉にいいイメージを持てなかったのだ。だらだらしているとか、のんびりしていて危機感がないとか、そんなマイナスのイメージがあって、「そうでなくても役場の仕事はスローなのに、もっと遅くするとはどういうことだ！」と、村民から怒鳴られたり抗議の手紙が寄せられたり、想像以上の猛反対にあったのだ。「速いことはいいこと。遅いことは悪いこと」という価値観は、日本全国に染み込み、それは村でも例外ではなかった。少しでも速く、少しでも効率よくすることが良いこと。多くの人が訪れる村にするためには、自動車が走りやすいようにきれいな道路を拡張するのがなによりも一番だ。そう考えることがあたり前の状況で村長から持ち上がったスローライフという提案に、当時の村民の疑問も無理からぬことであった。「スロー」と言っても、もちろん遅くあれということを言いたかったのではない。今まで効率優先で押し進めてきた中でそのスピードに掻き消されて、何かがどんどん見失われてしまった。一人一人の個が際立ち、本来当たり前だった家族の繋がりや仲間・地域の助け合いなどが薄れたり切れたりしている。その結果、「自分さえよければいい」という考えが充満したこの社会を、果たして誰もが将来へ夢が持てる豊かな社会と呼べるだろうか。

今こそ走るスピードを緩めて、時には立ち止まって、なくしてきてしまった大切な何かに気づき、それを見つめ直す生き方を求めるのが、村ならではのスタイルではないだろうか。そのために、村はどんなに時間がかかろうと村民が自主的に村づくりに参画する土台を作ってきたし、量やスピードではないクオリティを求める生活スタイルの意識づけをしてきたのだ。５次総の村の方針として主張したいのは、まさに、これらを言い表した「スローライフ」だ。しかし、村の人がより理解できる、それに替わる言葉はないのだろうか。

そんな時、一人の村民がぽそっと呟いた。「スローライフって『までい』ってごどなんじゃねーべか？」。

喉にひっかかっていた何かがストンと落ちたようだった。言いたかったことの全てをその一言が言いくるめていた。「までい」とは、昔から村で言われてきた方言である。

「までいに飯を食わねえどバチあだっと」

「子供のしつけはまでいにやれよ」

「玄関はまでいに掃いておげよ」

こんなニュアンスでよくお年寄りが使うことが多く、最後まできちんととか、手抜きをしないでとか、そういった意味合いを持つ昔なじみの言葉だ。「までい」のひらめきに、その場に居合わせたメンバーは満場一致。村が描いていたスローな村づくりはまさに「までいな村づくり」に置きかえられた「の」である。（『までいの力』23-26）

「までい」という表現の意味

「までい」という表現には、何らかの宗教的な意味はないであろう。しかし、この表現には実践的に思想的な営みとしての空の立場にあたる立場が見出される。そこには、社会的な慣習になった宗教的な営みとしての空の立場に基づく実践が向かうべき方向を見出すことができるであろう。すなわち、空の立場がもともと含んでいるはずの思想的な営みとして一般人に対して説得的に働きかけるという方向である。

「までい」という理念は、空の立場における人間の位置づけについてあるべき位置づけを示唆しているように思われる。というのは、「までい」な生き方において人間は自分自身との関係・人間相互の関係・人間と自然との関係においておそらく空の立場に合致するような在り方をするだろうからである。それは、人間の態度をめぐって一つのあるべき在り方を示しているのであって、必ずしもあらゆる〈存在〉の範囲に対応するものではないのかもしれない。その限りでは、それが対象にする範囲は人間の範囲に限定されるであろう。しかし、この範囲については、あらゆる中心主義を超えようとする志向が見出される。

その場合、そこに空の立場にあたる立場が何らかの宗教的な意味なしに思想的な意味において実現していると言えよう。というのは、「までい」な生き方において一人ひとりの人間同士が相互にそれぞれの〈存在〉を尊重し、「効率」・「スピード」優先という生き方を超えているからである。「までい」な生き方においては、一人ひとりの人間は自分自身との関係・人間相互の関係・人間と自然との関係において或る対象とどこまでも〈かけがえのないもの〉として向き合うであろう。つまり、一つひとつの対象は空の立場から見れば「空即是色」の「色」にあたるものを〈かけがえのないもの〉として「までい」に取り上げられるであろう。このようにして、一人ひとりの人間にとっては、「無常感」を超えて一つひとつの対象に〈かけがえのないもの〉として出会うことが可能になるであろう。

「効率」・「スピード」の優先を求める立場は、あらゆるものについて「効率」・「スピード」に中心をおいて秩序づける一つの中心主義である。これに対して空の立場は、あらゆる中心主義を超えるものであるはずである。もし空の立場がそのような中心主義を超える方向に向かわないならば、あらゆる中心主義を超えるはずのその立場自身が社会的な慣習になった宗教的な営みにおける一つの中心主義に堕することであろう。空の立場にとっては、その思想的な営みとしての可能性を実現しようとしているのかどうかが「までい」の心に基づく実践によって吟味されることになるであろう。逆に言えば、その吟味によって「までい」の心に基づく実践は思想的な営みとしての根拠を空の立場のうちに見出すことができるかもしれない。こうして、この実践には、一般人の立場の可能性が示されている。言い換えれば、一般人の立場には空の立場が本来目指していることを実現する可能性も含まれているのではないだろうか。

当の実践において、あらゆる中心主義を超えて、「一人ひとりの復興」に向かう実践がなされていること、そしてこの実践が東日本大震災以前からの実践に基づいていることを示す次の言葉に注目したい。

「までい」の心で

飯舘村は福島県の阿武隈山系北部に位置する高原の美しい村です。自然はまた厳しくもあり、先人が苦労しながら村を興し、沢山のマイナスをプラスに換え、大冷害・大火災を乗り越え合併もせずここまでやってきました。地域おこしの理念を私たちの方言「までい」に定めてからより分かりやすく村民に浸透し一丸となって頑張る、楽しむ…そんな村になりました。それが東日本大震災・福島第一原発の事故により全村避難を余儀なくされ根こそぎ土地を奪われました。米、畜産、葉タバコ、高原野菜…子ども大人おじいちゃんおばあちゃんはどうなるの、先の見えぬ苦しみの中にあってなお、じっくり丁寧に心を込めて辛抱強く…「までい」に一人ひとりは復興に向かおうとしています。

——飯舘村民一人ひとりの復興を（『続までいの力』3）

ここには一つの思想的な営みがある。すなわち、「までい」という言葉で表現された思いとは、「本当の豊かさとは何か」という問いかけである。このことを次の言葉が示している。

飯舘村は厳しくも美しい自然環境の中で、100年、150年とかけて先人から受け継いだ農業を基幹産業とし、営々村を築いてきました。これがこの福島第一原発事故で土地が汚染され、全村非難を余儀なくされ完全に元に戻ることはできなくなってしまいました。はらわたが煮えくり返る思いです。大量生産・大量消費・大量廃棄の経済サイクル、原発依存によるエネルギーの大量消費、お金がすべての全てという風潮の世の中のありかたを見直すのがわたしたちの村づくりの基本でした。それが持続可能な理念「までい」です。手間ひまかけて、心豊かに暮らそう…お年寄りがイキイキと、子どもたちの笑い声がこだまする、それが飯舘村でした。そんなわが村が原発事故に見舞われてしまいました。

この原発事故から私たちは何を学ばなければならないのか。成長社会から成熟社会の日本のあり様を、次世代にバトンタッチしていくことではないか。その中に、本当の豊かさとは何か、その問いかけは私たち地方からこそ、訴え続けていかなければならないと強く思います。（飯舘村長菅野典雄、『続までいの力』本の帯）

飯舘村民の実践は、「原発依存によるエネルギーの大量消費」の対極として位置づけられるであろう。その限りで、それは脱原発社会の方向へのシンボル的役割を担っていると言えよう。ただし、そのように位置づけられる村民の実践もまた、空の立場から見れば「色」の一つであることには変わりがない。それは、村民全員が「全村避難」を強いられることによって否定された。すなわち、「色即是空」である。しかし、その実践が志向する「までい」の心によって新しい〈形〉の「色」が作られる。すなわち、「空即是色」である。この新しい〈形〉の「色」は、「地方」から「本当の豊かさとは何か」と問いかけつつ、その人生を歩んでいる人間像のうちに示されていると言えよう。

3　「までい」の人間像

　では、飯舘村の人びとが東日本大震災前後どのようにその人生を歩んでいるのか、何人かの声に耳を傾けることにしよう。

イータテベイクじゃがいも研究会会長［大震災前］
かーちゃんの力・プロジェクト［大震災後］
渡邊とみ子さん

　渡邊とみ子さんは、東日本大震災後も「あきらめない」で「前を向いて種をまき続ける」という。彼女は、大震災前からの活動を貫いている。この態度は、「無常感」に浸るような態度を超えているであろう。それは、思想的な営みとしての空の立場にあたる立場に基づいているのではないだろうか。どのような実践が行なわれるのかに注目したい。

　［大震災前］自称〝元気な夢追い人〟渡辺とみ子さん。彼女が今〝覚悟〟を決めて取り組んでいるのが、飯舘村発じゃがいものオリジナル品種『イータテベイク』の開発。彼女はイータテベイクじゃがいも研究会の会長なのだ。「これが村独自の品種として世に出れば、関われたことはきっと光栄なこと。だから、苦労もたくさんあるけど頑張らなきゃ」。新品種の普及のために自

身が立ち上げた「までい工房　美彩恋人《びさいれんと》」では、野菜を使ったクッキーや蒸しパン、万能タレなどのオリジナル商品の開発をしている。

猪突猛進なところが自分らしさと彼女は笑うけど、村の将来のために費やすエネルギーに、彼女の覚悟が見える。「この挑戦は自分を成長させるためのもの。そんなチャンスをもらえて幸せ。感謝しています」。自分の生きるべき道を真剣に生きる彼女の姿に、勇気づけられる人はきっと多いのではないだろうか。（『までいの力』96）

大震災後、彼女は避難生活の中でその「覚悟」をより強めたようである。じゃがいもの「イータテベイク」、かぼちゃの「いいたて雪っ娘」という彼女が育ててきた独自品種を守りたいと奮闘している。

［大震災後］あきらめないことにしたの　前を向いて種をまき続けようと思う

じゃがいもの「イータテベイク」、かぼちゃの「いいたて雪っ娘」は農業高校教諭・菅野元一さんが村で長い年月をかけ改良を重ねてきた品種だ。「イータテベイクじゃがいも研究会」会長のとみ子さんは、自宅を改装した「までい工房・美彩恋人《びさいれんと》」で、この品種の特長を生かした菓子などの加工品や、他にも万能たれ、こんにゃくなどを手作り生産。あぶくま地域の女性農業者「かーちゃん」たちと連携して、地域おこしにも力を入れてきた。

「人生をかけてやってきたから、思いは強かったよね」長野県から茨城県へと避難しながらも、

「休業」はまったく頭になかった。「だから仕事ができないと分かった時は、気持ちを切り替えるのが本当に大変だった」

それでも、改良品種を守らなければならないという思いは、とみ子さんを突き動かした。福島市に物件を求め5月には引っ越し。20数枚の田んぼを借りて、種まき・植え付けを始めた。飯舘の気候に合わせて改良した品種を、新たな土地で栽培する苦労はあったが、秋には無事収穫。作物から放射性物質は検出されなかった。

その時、とみ子さんは、次の「種まき」に動き出す。（『続までいの力』(12)

避難生活の中で「かーちゃんたち」が立ち上がる。

作物の実りを手にした頃、福島大学の先生から「かーちゃんの力・プロジェクト」立ち上げの話を聞く。「ずっと『立ち上げ』の仕事をしてきた。私にできることをしてみたい」プロジェクトの仕事を引き受けたとみ子さんは、各地に避難するかーちゃんたちを一人ずつ訪ね歩いた。名刺代わりに、かぼちゃを持って。

活動拠点となった福島市松川町の「あぶくま茶屋」にかーちゃんたちが集まる。「今まで当たり前のようにやってきたことが、またできる、厨房でかーちゃんたちがアハハオホホと笑いあえる、こういうことが大切なんだなぁと、この震災でよく分かった」と、とみ子さんは言う。「みんな純粋なの。それぞれのかーちゃんのしたいこと、できることを組み立てて夢を描いてね、それを形にしたい。使命感みたいなものもあるかな」

夢という種が芽を吹く。かーちゃんたちの笑顔が輝いている。その輝きが、とみ子さんの力になる。（『続までいの力』64）

「かーちゃんたち」の活動を支援の輪が支える。「かーちゃんたち」の活動は、自分たちで「パッシビズム」による社会的な「システム」になった科学的な営みを作り出す活動であると言えよう。

「かーちゃん」たちの故郷は、飯舘村・浪江町・葛尾村・田村市・川内村と、あぶくま地域に点在する。原発災害の影響を最も強く受けている地域でもある。これまで安全な作物の栽培や、地元の食材を生かすまでいな手料理などで、地域おこしをしてきたかーちゃんたち。その知恵や力を、再び発揮できる場所が必要だとして立ち上げたのが「かーちゃんの力・プロジェクト」だ。福島大学小規模自治体研究所が活動の中心を支え、避難先の自治体やＮＰＯ団体とも連携している。

２０１１年12月に3会場で開催した「結もちプロジェクト」は大盛況だった。また、２０１２年3月には「復幸焼き・結プロジェクト」、6月には「さなぶりイベント」を開催。かーちゃんたちは地元の味をふるまい、自慢の加工食品販売をした。多くの人が、食材の調達や、イベントの手伝いに力を貸してくれる。

現在は、仮設住宅に暮らす人たちの食生活の改善も視野に入れ、「かーちゃんの笑顔弁当」の配達を企画中。弁当を試験販売する福島大学の大学生協では、学生が列を作る人気ぶりだ。
「放射性物質の検査を徹底することはもちろんだけど、農薬や添加物にも気を配り、自分たちの技術を生かして、末永く応援をいただける活動にしていきたい」と、とみ子さん。商品を販売する店舗や週末レストランの構想もある。いきいきと働く農家の女性たちの、愛情たっぷりの料理を味わえる日が待ち遠しい。（『続までいの力』64-65）

民宿どうげ［大震災前］
松川工業団地第1仮設住宅　管理人［大震災後］
佐野ハツノさん
佐野ハツノさんは、20年ほど前に「若妻の翼」という村の事業で、ドイツの農村にホームステイしたことがあり、そして村に帰ったあと、農業体験のできる民宿を開いたという（鳥賀陽 2012：107 参照）。そのドイツの農村でのホームステイの経験から学んだことによって自分たちの生活の仕方を「までい」の言葉にふたたび発見したという。

［大震災前］
「昔はね」
佐野さんは言った。
「『文化的な生活』っていうのにコンプレックスがあったの」

どういう意味ですか、と私は問うた。洗濯機や冷蔵庫や自動車があって、水洗トイレがあって、そんな暮らしだ、と彼女は言った。村にはそれがなくて「遅れた田舎」みたいに言われたという。「でもね。ドイツに行ってわかった。」向こうでは、みんな自分でつくったパンや野菜を大切に食べていた。それを誇りにしていた。なんだ、それなら私の村にもあるじゃないの。私たちの暮らしそのものじゃない。そう気づいたのよ」

佐野さんは晴れ晴れとして顔で言った。そんな「丁寧に」生きることを村の言葉で「までい」というのだ、と教えてくれた。

「自分が大事に思うものを大事にして生きよう。それが一番いい。そう思ったら、劣等感が消えたのよ」（烏賀陽 2012:108）

佐野さんのドイツ体験がきっかけとなった農業体験のできる民宿「どうげ」の理想は、都会の人にとっての「田舎の親せき」になることであるという。それは、「コンプレックス」あるいは「劣等感」を克服した彼女の実践の目標であろう。

「田舎の親せきになれたらいいなと思ったの」とカラカラと笑うハツノさん。自宅を2年がかりで改装し、農業体験もできる「民宿どうげ」を始めたのは58歳の時。きっかけは「若妻の翼」でのヨーロッパ研修旅行だ。「極力自由に過ごせるホームステイのスタイルが心地よかったの。そんな民宿を私もやりたかった」。だから、「どうげ」で過ごす時間は、普段通りの農家の毎日の中に自分が溶け込んだような感覚。ハツノさんやおばあちゃんと一緒に畑での大根抜きや枝豆の収穫、山なら山菜やキノコ採りが体験できる。持ち帰ってからは、みんなで炊き込みご飯や餅つきだ。「誰かがここに来てくれる。それだけでうれしいから、お客さんが来る日は朝からウキウキ」。ハツノさんは近所に声掛けして、同じように受け入れてくれる農家民宿を増やしたいと考えている。「この地域一体が、都会の人の田舎になればさ、お互いさまで得意な技を貸し合えるし、みんな来てくれるでしょ。」地域とのつながり、人のつながりを大事にしたいと語る。ここは、いつでも温かく出迎えてくれるふるさとなのだ。（『までいの力』88）

東日本大震災によって、佐野さんの生活は一変した。現在、彼女は松川工業団地第1仮設住宅管理人として村の復興を目指しつつ活動している。彼女は、「自分たちの力でやってきたその心をなくしたくない」とその思いを語る。ドイツ研修での体験、農業民宿経営の体験から得たものを避難生活の中でより磨いているようである。

［大震災後］高台の仮設住宅に冷たい風が吹きつける2月のある日、敷地の一角にある集会所には、10分と間を空けずに住民が訪ねて来ていた。温泉保養施設への送迎が済んだことの報告、イベント企画の相談、体調の回復を知らせに立ち寄る人もいて、佐野さんは出たり入ったり忙しい。そのすべての人に、明るく笑いかけながら丁寧に応じていく。

「自治会長さんをはじめ、役員の皆さんが、とても良くやってくださるから」と佐野さんは言う。

この仮設住宅には、全国から寄せられる着物の古着を材料に「までい着」などの衣類を製作する有志のグループ「いいたてカーネーション」がある。ほかにも、高齢者の様子の見回りや、手作りの食事をふるまう「いきいきサロン」の開催など、住民がさまざまな活動を起こしている。

「お申し出のあった物資やご協力は、どういった形のものでも、ありがたく受け入れさせていただいてるの。でも、そうした与えられる生活、そうならざるを得ない中でも、私たちは、自分たちの力で暮らしていこう、やっていこうという自立の気持ちを、なくしてはいけない—と思うのね」。(『続までいの力』48)

佐野さんは避難生活での自分自身の困難を抱えつつも、不安なお年寄りの心に寄り添い、「自分たちの力で」村へ帰ることを考えている。

110戸余りの平均年齢は70歳を超えている。夏以降は、借り上げ住宅からここに引っ越してくる高齢者も増えた。「『ここは、楽しいよ。友達もいるし、医者にも行ける。元気にやっていこう』と励ますの。お年寄りは想像以上にさびしいもの」。

佐野さん自身も、90歳に近いご主人の両親と同居し、別棟には実家の両親も入居している。快活に笑って冗談を言って、一日中身軽に動き回る佐野さんだが、夜に考え込めば涙が止まらず、眠れなくなることもあるという。「家族がバラバラになるなんて。あの家を去る日が来るなんて。思ったこともなかった」専業農家を営みながら一緒に暮らしていた長男家族は、栃木県内の牧場へ居を移している。

2匹の犬に餌を与えるため一時帰宅すると、犬の喜びようと離れる時のさびしい顔に涙が出る。家の水道管は凍結で破損、観葉植物は傷み、住人のいない家の荒れ方は言いようがない。佐野さんは、車の中で一人、大泣きしながら戻ってくるのだという。

「悲しい。でもね、不安に思っているお年寄りを励ますには、『帰れるよ、大丈夫』と言う自分も〝そのつもり〟でいないとね」佐野さんは力をこめた。「このままで負けたくない。貧しかった村を自分たちの力で切り開いてきた、そんな飯舘を誇りに思ってきたから。村民としてもね、このまま負けるわけにはいかない。自分たちの力で帰るためにはどうしたらいいのかを、考えながらやっていきたいの」(『続までいの力』49)

仮設農園友の会　世話人
菅野哲さん
負げねど飯舘

村役場を定年で辞めた後、親から受け継いだ二・五ヘクタールの土地で農業に取り組んでいた菅野哲《ひろし》さんは、福島第一原発事故に対する考えを飯舘村の人びとの前で次のように述べたという。

四〇年働いてきて、やっとこれからが自分の人生だと思って農業に取り組んできた。私だけではない、今の飯舘村を作るのにみんなでどれだけ苦労してきたことか。国や東電は、一瞬の放射能でそれを壊してしまった。子どもたちや孫には、帰る故郷がなくなってしまったと泣かれた。このままでは隣近所もばらばらになってしまう。隣の人と酒も酌み交わせない。喜びも悲しみも分かち合えない。それでは飯舘村ではなくなってしまう。国や東電には、全く同じ飯舘村を用意しろと言いたい。（2011.4.26 決起集会）（小澤 2012:202）

菅野さんたちも含むこの日決起集会を企画した村民たちは、「愛する飯舘村を還せプロジェクト負げねど!! 飯舘」（負げねど飯舘）を結成し、事故の収束、計画避難の完了、飯舘村の返還、補償を求める決議文を採択したという（同参照）。

その後菅野さんは、村の仲間を「耕すこと」で繋いでいるそうである。

耕さずにはいられない
じっとしてはいられない

福島市の借り上げ住宅に避難している菅野哲さんの1日は忙しい。飯舘村から仮設住宅に避難している村の仲間を「耕すこと」で繋いでいる。その名も仮設農園友の会。避難直後から周辺の市町の遊休地（耕作放棄地）を探した。果樹農家から、荒井の農地を紹介された。福島市西部に位置する放射線量がぐっと低い畑だ、自身も耕作して汗を流す。飯舘村役場を三年前に退職、それを記念して銀杏を２３０本植えた。ニンニクも一万株植え付けた。そこで震災。「本当にがっくりきたの」と、妻の文子さんは、1年前を振り返る。

飯舘村に生まれ、子を育て、職を全うしたが未だ若い。もう一仕事できるはずだった。仮設に住む村民を送り迎えしながら畑に連れ出す「これも仕事のうちさ」と笑う。厳しい現実に立ち向かうことでしかできない朗らかさでこうも言う。「農業に待ったなし、今年の春からはさらに仲間が増えて50人にもなったんだ」。松川仮設の直売所に大根も出した。太陽の下、顔が見えて、集まり、安心する、それが大事だ。

飯舘村に長く寄り添ってきた日本大学の糸長浩司教授の支援で相馬市には加工所もつくった。収穫した作物は千葉の研究所で測定する。1bq［ベクレル］以下まで測れる検査機だ。一回の測定に24、000円もかかる。すべて容易でないことばかり。

いま農園には栃木と長野からの支援の高原野菜がすくすく育っている。長野には春には田植えにもいってきた。収穫し、飯舘村の凍み餅の原料にするためだ。「凍み餅、飯舘の…」、文子さんがちょっぴり悲しそうに呟く。村は一つ、そのために心が疲れないように盛り立てなくちゃと、続けた。

運転できないお年寄りを畑に引っ張り出す。「畑はいいなーっ」。（『続までいの力』60-61）

相馬市で畜産を再開させた

佐藤一郎さん（飯舘村大倉）

佐藤一郎さんは、福島第一原発事故の後も畜産を再開させた人である。佐藤さんの実践には、畜産というものが原発事故を超えており、より根源的な人間と自然との関係を作っていることが示されている。

「牛（畜産）に手応えを感じて、面白くなってきた矢先の原発事故だった」と佐藤一郎さんは唇を噛む。止むに止まれない気持ちで飯舘から牛を避難させた。村から近いほうがいい、ツテを頼ってＪＡ相馬八幡部会の仲間を得た。避難、その時の気持ちは「一言では話せない」。畜産の立て直しに加えて、牧草の問題などハードルの一つ一つを越える仕事が幾重にものしかかってきた。

そんなとき、大津波で亡くなった人、その遺族の姿を映像で見て奮い立つ。「その無念を思うと、命が残った自分たちができることは沢山ある。頑張るしかない、嘆いていても仕方がない。原発事故は容易ではないけれど、牛は手放せない」と言い切る。そんなことで故郷を諦めるなんてことはできない。飯舘村には車で一時間以内。村が復興するには、畜産が一番早く軌道に乗せることができるのではないかと考えている。それが正解か否か、止めれば分からない「やっていれば分かる」。（『続までいの力』46）

村民座談

「村民座談」の中で村の人びとが新しい「人生」を作っていることが語られている。すなわち、放射能被害の複雑さにもかかわらず、むしろここで「リセット」して「もう一つの人生」を生きるという。ここに、これらの人びとにとって「色」としての〈存在〉に新しい〈形〉を与える「人生」が始まっているのである。

放射能被害の複雑さ

わたしも村外の友人にいろいろ助けてもらった。でも、津波の被害に比べれば…と、心無い言葉に傷ついたりもした。放射能被害の深刻さと絶望感は、やはり独特のもの、分かって貰えない側面もあると実感した。でも、わたし今年でちょうど還暦、リセットしてここからはもう一つの人生、そう気持ちを決めたの。できることから、やってみる。少しずつ進む、それしかないし、農業もあきらめていない。（『続までいの力』103）

村民が「みんな哲学者」になったという。ここには、答えを見つけることができるかどうかはともかく、村をもっとよくするために「考える」という思想的な営みが行なわれ、そこにはいわば「哲学の欲求」（註16）が生じている。

復興を信じて

元通りの村に戻れないんだったら、もっともっといい村にしていくしかないね。問題山積だけれど、こんなに考えたことはない　年だった。村民はみんな哲学者になったよ。（『続までいの力』108）

復興の方針についての意見の対立

復興の方針については、村民の間に意見の対立があるようである。村の外部からの観察による次の報告を参照したい。

30〜40代の若い村民は、放射能の健康への影響を恐れる。子供もいる。できれば別の安全な場所で暮したいと思う。上の年代は、村に帰りたいと願う。村長が「2年で村に帰る」と宣言したことをめぐって、議論が沸騰していた。家族や親戚、友人、ご近所さん、職場の中に温度差が生まれ、摩擦になり、対立する。そして分断や分裂に発展する。原発事故さえなければなかったはずの亀裂が、村を割っている。／愛澤さん［村民のひとり］はそれをいちばん悲しんでいた。／私からすれば、故郷を愛する気持ちはどちらも同じに見えた。なのに対立や分断が生まれる。原発事故が破壊した、いちばんかけがえのないもの。それは、「平穏な暮らし」ではないのか。私にはそう思えた。（烏賀陽 2012:74-75）

酪農家　長谷川健一さん

長谷川健一さんは、村長の方針が「除染一本槍」であると批判する。

飯舘村では今、除染は家の周りでは2年、農地は5年、そして山は20年と言っている。ただ山は里山だけ、家の周りしかやらない。

やったらどうなると思います？　いくら除染をやったって。山からいくらでも流れてくるべ……。

だから私は村長に面と向かって申し上げている。

「村長、何やってるんだ。今、まさに村は除染一直線だ。それに向かおうとしている。俺だってふるさとに帰りたい。だけども、除染一本槍ではだめだろ、もちろんやらなきゃならねぇ。あともう一方では、村を出ること。これを今からシミュレーションをしていかないと、仮に5年後、6年後に、一本槍で進めていいてやっぱり除染はうまくいかねぇ、だったら村を出るっぺ。そしたら今までの5年間は何になるんだ？　だから今からそういうシミュレーションをしないとだめだろ」と、私は提案しました。でも。村長は聞かねぇ。（長谷川 2012:47）

俺、言った。村民の声聞け、アンケート取れって言ったんだ。村の人の声聞かなきゃだめだ。まだ今だってそれをやろうとしない。これからも村長には、私は無理して言っていくつもりです。でも私だってふるさとには帰りたい、われわれはふるさとというのは先祖から受け継いだもの、それを私たちが守る形で後生に残していく、それが義務だろうと思う。それができるかできないか、非常に不安な毎日です。（長谷川 2012:47-48）

意見の対立については、どのような方向がよいと村の外部から言うことができることではない。ただ、合意形成の方法をめぐっての長谷川さんによる村民の声を聞けという提案を含めて、飯舘村の人びとの合意形成を期待したい（註17）。

4　『未来への翼』プロジェクト

飯舘村の実践として注目に値することの一つに、大震災後に中学生をドイツに派遣する『未来への翼』プロジェクトの実践がある。その趣旨について次の文章が語っている。

> 飯舘村では積極的に世界からに《〔ママ〕》学び、未来への村づくりに生かそうと20数年前に『若妻の翼』事業を行いました。農家の若いお母さんたちをドイツ研修に送り出すことで、生き方そのものを見つけなおし発展してきた村の歴史があります。
>
> こんな厳しい時だからこそ更に挑戦する、新たな村の歴史が始まります。全村避難中という非常時に全員が避難先から集まり、世界に学ぶ『未来への翼』プロジェクト。飛び立った、いいたてっ子たち。中学生18人そして村の大人、先生。みんなが持ってる悩みや不安　そんな気持ちを吹き飛ばせ！
>
> ドイツの〝までい〟を探しに行こう！（『未来への翼』8-9)

研修に参加した中学生には、「ドイツにも〝までい〟はありますか？」というテーマで作文の宿題が出されたという。以下は、一八人による作文集の引用である。そこには一人ひとりにとって〈かけがえのないもの〉としてのドイツ研修体験が表現されている。

中学生たちは、ドイツの自然の豊かさ・美しさを語り、その中で太陽光・風力など自然エネルギー活用の在り方を見学し、彼らを心から歓迎するドイツ人の姿に「までい」な生き方を見出したようである。一つひとつの作文は、それぞれがそれを書いた中学生自身にとっても村の人びとにとっても〈かけがえのないもの〉である。

飯舘中学校1年生　髙橋洋平

ドイツはとても自然が豊かで美しい国でした。太陽光エネルギーを使った発電や水の力を利用した水車で粉挽きをしたり、とても『までい』な国だと思いました。フライブルク市内の見学では、地元の原子力反対運動のパレードに参加する機会があり、一緒に行進しました。初めての経験でしたが、とても楽しく思い出に残る体験ができました。菅野村長さんは出発のとき、「いろんなことにどんどん挑戦して下さい」と言いました。僕はパレードに参加し、そして改めて原発は必要ないと思いました。

日本はもっと太陽光や風力、水力などで発電を増やし、原発をなくして、自然を生かした良い国になったらと思います。

また、この研修ではドイツで暮らす多くの人々との交流がたくさんありました。シモンスヴァルト村では、青少年のグループの演奏で迎えてくれました。馬牧場のランゲさんはおいしい食事を用意してくれたり、一家でバンド演奏してくれたり、ヨーロッパ・パークを案内してくれたり、ぼくたちのために多くの時間をさいてくださいました。ランゲさんの息子さんであるマックスは、ドイツの一番の友だちです。

このドイツの10日間、これからのぼくの人生にとってとてもためになりそうなことばかりで、楽しかったです。それにこれから家でも環境に優しい生活ができるようにしたいです。(同86)

飯舘中学校1年生　巻野　凌

ドイツに行ってまずビックリしたことは、山や森、自然の風景が飯舘村とよく似ているということです。そして、街は多くの人でとても賑わっていました。特におもしろかったのは、3日目に行ったビーダーバッハ村のランゲさんに教えてもらった乗馬体験です。実際に馬に乗ったり、馬との触れ合い方を教えてもらいました。一番うれしかったのが、牧場にいたマックス君という子と友達になれたことです。

研修を通して、ドイツという国はまでいで、とても大らかな国だなぁと思いました。ドイツの自然エネルギーの発電の研修や、ドイツ人たちとの交流を通して学んだことを、ドイツの自然とよく似ている飯舘村で役立てたいと思いました。

ドイツでは一度枯れてしまった森を国をあげて復活させました。それがシュヴァルツヴァルトの森林です。ドイツでも林業は盛んに行なわれていますが、木を切りすぎず、節約しすぎないように、1年間に成長する量だけ木を切りながら、人間と自然との共存を図っています。また、その木材は、オルガンなどに加工され、日本にも輸出されています。(同87)

飯舘中学校1年生　大東ひまわり

ドイツでは、太陽光、風力発電などのエネルギーについて学びました。風力発電では、実際の風車を見学し、風の力を利用した発電の仕組みを学びました。

また、ドイツはソーラーパネルを草を保管する倉庫の屋根に設置しているところがとても多かったです。ドイツの農家は自然を生かし、無駄のない生活をしていることを知りました。農家で作っているのは電力だけではありません。発電したときに発生する熱は、近くの学校や住宅に送られて暖房として使われます。電気や暖房を使用しない夜間は、熱エネルギーをお湯に変えて蓄え、大切に使うようにもしています。さらには、エネルギーを取り出した後の、牧草や糞尿の残りかすは、堆肥にして農作物に使うという徹底ぶりに〝までい〟を感じることができました。

特に印象に残った思い出は、農家のランゲさんたちの家での乗馬やパーティです。パーティでは、マックスたちが演奏を披露して下さいました。また、乗馬体験では、馬への接し方を学び、楽しく体験ができました。

またドイツに行ってみたいと思いました。(同88)

飯舘中学校2年生　松林陽太

ドイツに行ってまず思ったことは、山や牧草地がとても広く、素晴らしい風景だったのでびっくりしました。

学んだことは風力発電です。フライアムト村に行った時に学びました。風車1基で、6000

世帯もの電力をまかなえると聞いてビックリしました。多くの民家の屋根には太陽光パネルが設置されています。これは、自宅で使用する電気をまかなうだけでなく、余った電力は買い取ってもらうことで収入になり、さらにはその電気は他の人の家や工場など多くのところで役立てられています。ドイツの地域の暮らし方に感心しました。

また、オルガン工房でユニークな演奏を見たことが印象に残っています。またドイツの人たちとの交流が、一番の思い出です。最初は不安だったけど、すぐ打ち解けることができてよかったです。なによりも、こんな避難している時にみんなとドイツに行けてとても楽しかったです。(同89)

飯舘中学校2年生　高橋　悠

ドイツに行ってまず気づくことは、自然が多く動物がたくさんいることです。特に心に残ったのは、3日目に行ったビーダーバッハの牧場での体験です。ランゲさんに馬の生活環境や馬との触れ合いをていねいに教えてもらいました。実際に馬とコミュニケーションをとって乗ることができ、うれしかったです。

また、ランゲさんの家の屋根には太陽光パネルがありました。自分の家の電気のためだけではなく、ほかの家の人にもそこで作られた電気が役立てられていることを知り、ドイツの人の環境意識の高さがわかりました。

そして、フライブルク市は、街の中心に見事な大聖堂があり、今回の私たちが訪れた中では一番大きな街でした。この町は「環境首都」と呼ばれていて、再生可能エネルギーのことを学ぶことができるなど、先進的な取り組みがなされています。

森林地帯だけでなく、街の中にも緑が大変多く、公園などでも街路樹を散歩したり、芝生で遊ぶ人の姿が多く見られました。(同90)

飯舘中学校2年生　菅野　柊

ドイツは、山や林、丘などの自然の景色が素晴らしかった。飯舘村にいるときはあまりしなかった山歩きをして、自然の美しさを知ることができました。そして感心したのは歴史を大切にしていることです。ドイツには、かつてそれぞれの町を守るお城がありました。しかし、たび重なる戦争や自然の風雨により、多くの城がこわれてしまいました。そのため、ドイツの市民が立ち上がり、寄付などを募って多くの城の修復が進められているそうです。ヴァルトキルヒのお城も市民の手で修復が進められています。

そこからの眺めは実に見事でした。

特に心に残った思い出は、ヨーロッパ・パークに行ったことです。ジェットコースターに乗り、意識が飛びそうになったことを覚えています。とても、とても楽しかったです。

遊ぶだけではなく学ぶこともしっかりできました。いろいろなところで自然のエネルギーについて学べました。とても勉強になりました。また機会があればドイツに行きたいです。(同91)

飯舘中学校2年生　触沢康史

ドイツの景観は、山や丘などの自然と、人間が作り出した街や建物が見事に合っていてとてもすばらしかったです。この風景を見ながらの毎日の研修は、とても充実したものでした。

心に残った思い出は、4日目のシモンズヴァルト村の青少年グループとの交流です。ドイツの人たちと僕たちで遊んだりしていました。最後は歌を歌ったり、お土産として飯舘村から持っていった黒べこをあげたりしたので、シモンズヴァルトの方と仲良くなれたと思います。

そして、フライアムト村では、風力発電を見学しました。村のいたるところに［中略］太陽光パネルや［中略］発電用の風車を見ることができました。

このフライアムト村は、エネルギー自給率が何と140％。つまり、村で必要な電力以上の発電を達成することができています。

風車1基で、平均して6000人分もの電力をつくることができるそうです。（同92）

飯舘中学校2年生　伊藤匡通

ぼくたちは、ドイツの中でも南西部のシュヴァルツヴァルト、通称「黒い森」と呼ばれる地域を中心に研修をしてきました。このシュヴァルツヴァルトは、ドイツ最大の森林でドイツ人が誇りにしてきたものです。しかし、今から30年ぐらい前、開発などによる大気汚染で酸性雨が広がり、森の多くの木々が枯れ、大きな被害を受けたのです。森林のあまりにも変わった姿に、国民が衝撃を受け、環境問題や自然保護に人々の関心が大きく高まったそうです。ドイツでは、農業がさかんで馬や牛などがたくさんいました。馬とふれあったり、マックスと遊んだりして、とても楽しかったです。

ドイツは、街が多く、バスで移動するとすぐに着きます。様々なお店では、モノが安く手に入ったりしますし、アップルソーダなど日本にはないドイツの飲み物もあります。ドイツでは、コーラ、オレンジ、アップルソーダの３つが主な飲み物だということがわかりました。

この旅でみんなと仲良くなりました。

ドイツで学んだこと、楽しかったです。(同93)

飯舘中学校２年生　鴫原拓実

ドイツは、少し飯舘村に似ているところがありました。なんと言ってもドイツは『までい』な国でした。ぼくたちの飯舘村の『までい』には「心をこめて」「ていねいに」という意味があるのですが、ドイツにはどのようなまでいが見られたか。ドイツは自然豊かだし、あとはドイツの人たちは、みんなあいさつを返してくれます。ぼくはそこがまでいだと思いました。

ドイツ研修はとても楽しかったです。ランゲさんの馬牧場を訪れた日には、マックスたちと一緒に山に登って、とてもよい景色を見ました。ドイツはとても寒かったです。半そででいられませんでした。一番心に残った思い出は、遊園地です。水のジェットコースターはとても濡れて寒かったです。ドイツでは、いろいろな文化のことや歴史のことオルガンのことなどたくさん学びました。また行ってみたいと思います。(同94)

飯舘中学校2年生　佐藤祐太

「未来への翼ドイツ研修ツアー」で僕が学んだことは、まずドイツ人の優しさです。ドイツの皆さんは、優しく話しかけてくれます。最初は、ドイツで日本人だから差別されるのかと思いましたが、ドイツの人々は優しかったです。僕も外国人がいても差別しないようにしたいです。

次は、自然エネルギーについてです。太陽光パネルやバイオガス生産、風力発電の設備を整えるには、多額の費用がかかり、その費用を回収するのに10年以上かかります。しかし、国や政府に頼ることばかりでなく、住民たちが協力して、自分たちのために独自の取り組みを行なっていることにとても驚きました。ぼくたちも、まだまだ小さな力ですが、これから力を合わせていけば何かできるのではないかと思いました。

最後になによりもすごいと思ったのは景色です。あんなにきれいな景色があるなんてすごいと思いました。（同95）

飯舘中学校2年生　細杉利征

ドイツは自然豊かな所でした。朝起きて窓を開けると霧に山が隠れていて、牛を放牧していて、とっても素晴らしい場所でした。そして、一番心に残った思い出は初めて体験した乗馬です。ランゲさんの馬牧場では森林と牧草地が見事にマッチした景色に目を奪われました。また、ランゲさんの馬にも乗せてもらいました。乗馬をするためにはまず馬としっかりコミュニケーションを取り、信頼関係を結ぶことが大切だと教わりました。最初は不安でしたが、上手に馬に乗ることができました。(同96)

飯舘中学校2年生　髙橋芳仁

ドイツに行って気付いたことは、森と人間がうまく生活し合っていることです。それはなぜかというと、森の木を切る時には木を切る量を決めたりなど、使いすぎずまた節約しすぎずというふうに上手に自然を生かしているところです。

心に残った思い出は、7日目のヨーロッパ・パークに行ったことでした。みんな言葉が通じなくても楽しめるということを改めて感じ、一緒に行った友だちの意外な面白さなどにも気付き、とても心に残る最高の思い出になりました。

ドイツで僕たちを温かく迎えてくださった人々、少しでもいい旅にしようと企画して下さった人々に、〝までい〟を見つけました。

ドイツで生活し、活躍している多くの日本人の姿を見ることができました。フライブルクに留学して再生可能エネルギーを勉強している及川さん、植木さんは、研修の間、私たちと一緒にホテルに泊まり、親身になってお世話をして下さいました。今回の研修のコーディネーターの池田さんは、ドイツの良さをわかりやすく私たちに伝えてくださいました。池田さんは、ドイツと日本を結ぶかけ橋として様々な方面で活躍されています。そのように、遠くはなれたドイツでがん

ばっている日本人に勇気をもらった気がします。（同97）

飯舘中学校2年生　佐藤奨悟

ドイツは、再生可能エネルギー先進国と言われていますが、発電にしめる自然エネルギーの割合は、ドイツは11・8％、アメリカは3・4％、日本はたったの2・8％しかありません。僕が見た限りバスがベンツの会社製だということや、風車やソーラーパネルがたくさんあり、環境に優しい国だと改めて実感しました。

特に印象に残っているのが、ビーダーバッハ村の馬の牧場での体験です。牧場主のランゲさんの息子のマックスとサッカーゲームやトランプなどいろいろな遊びをして楽しかったです。ランゲさんには、馬の触れ合い方やソーラーパネルについて教えてもらったり、EUROPA PARKで、今どの乗り物が空いていそうかを教えてもらいました。

ドイツの人は、初対面でも優しくしてくれます。僕はドイツ人との触れ合いでそう思いました。（同98）

飯舘中学校2年生　佐々木華純

フライブルクの中心部には、路面電車がいくつも走っていました。私たちも何度か乗る機会がありましたが、これは、なるべく自動車に頼らない環境に良い街づくりのあらわれです。フライブルクの住宅地には、いくつかの家族が話し合って建設された集合住宅が多くあります。街づくりに人々の意見が多く生かされていることがわかりました。そして、道路にはゴミがあまり落ちてなく、あっても日本より少ないと思いました。

特に心に残った思い出は、ドイツ人との交流会です。言葉が通じなくてもジェスチャーや通訳を通してなどだけでも仲良くなれました。ドイツ人は優しい人が多くて楽しかった、です。

太陽に光も風も無駄にせず、太陽の力、風の力などを使って発電していることが「までい」だと思いました。日本でも多く取り入れた方がいいと思いました。(同 99)

飯舘中学校2年生　紺野明日香

ドイツに行って気付いたことは、家に花がたくさん咲いていたことです。とてもきれいでかわいかったです。あと、車は日本と逆で左ハンドルで道路も日本と走る所が逆でした。

ドイツでは、広い土地を利用して、風車で電力を作っているのを見ました。あまり環境を悪くしない方法で電力を作っているので、〝までい〟だと思いました。

ドイツで過ごす間、さまざまな飲み物を飲む機会がありましたが、日本とはちょっと違っていた点があります。それは、飲んだ後の空き瓶やペットボトルを回収し、その代わりにお金が戻ってくるというものです。これを〝デポジット〟と呼んでいますが、資源の再利用の意識がとても高いと感じました。また、自動販売機が日本と違ってほとんど見られませんでした。(同 100)

飯舘中学校2年生　石井みゆき

私がドイツに行って一番心に残った思い出は、同じくらいの年の子たちと交流をしたことです。私は、その交流で、ドイツの子たちと深い絆ができました。ドイツの子と友だちになれることは、とてもうれしいです。

そして、ドイツの人は、大人も子どももとても優しい人ばかりで、とてもうれしかったし、自分も優しい気持ちになることができました。私は、「ドイツ」という国に研修に行けて、とてもよかったです。

ドイツの人は、みんな力を合わせて動物を生かしたり、ドイツをきれいにしていることが分かりました。

また、バイオガスを生産する農家の様子も見ることができました。自分のところの牧草と近くの酪農家から分けてもらった糞尿を微生物に分解させて、エネルギーを生み出しています。生物や機械設備、電気管理など様々な専門的な知識や技術が必要とされますが、見学させてもらった農家では息子さんたちがそれぞれの専門知識を学校で身につけ、400~500世帯分の電力を生産しています。(同 101)

飯舘中学校2年生　西川茜衣梨

ドイツで気付いたことは、自然豊かで歴史一つひとつを大切に守り続けていることや、技術を生かして街づくりしているようでした。ドイツと日本はほぼ同じ国土面積ですが、その内訳は大きく違います。日本は国土の3分の2が森林なのに対して、ドイツは3分の1しかありません。

逆に、日本の農地は国土の12％ぐらいなのに対して、ドイツは47％もあります。

特に印象に残ったことは、3日目のランゲさんの家で動物と触れ合ったことと太陽光発電です。太陽光発電はこれからの飯舘村には適しているエネルギー開発だと思います。風の少ない飯舘村には、風力発電はできません。やはり太陽の力でできる太陽光発電がこれからの飯舘村を支えると思いました。

ドイツにはきれいな街がたくさんありました。もう一度、きれいな村に戻すためにもドイツの文化を取り入れるといいと思いました。（同 102）

飯舘中学校2年生　越川真衣

ドイツの8月の日没時間はなんと午後9時頃でした。日本と比べるとかなり日が長かったです。しかし、夕方7時ごろになると、ほとんどのお店は閉まってしまいました。お昼も、12時から2時ぐらいの間まで、昼休みをとって閉まっているお店がほとんどです。また、バカンスといって夏に数週間仕事を休み家族で出かけることも多いそうです。しっかり休憩をとること、そして家族と過ごす時間を大切にしていることがわかりました。

ヨーロッパ・パークでジェットコースターに乗ったことは心に残った思い出です。ヨーロッパ・パークには、ジェットコースターが5つ以上ありました。いっぱいあって、ビックリしました。ジェットコースターに乗るのが初めてだったので、すごくうれしかったです。一回転するジェットコースターや高くまで上ってすごい勢いで落ちるジェットコースター、それに後ろ向き

になるジェットコースター。さまざまなジェットコースターがありました。（同103）

「までい」という理念を中学生たちがどのように受け止めているか、このことをドイツ研修の作文において彼らは彼ら自身の言葉で表現している。中学生たちと「までい」の理念との関係は、『般若心経』大本において言及されている「若者」・「娘」と空の立場との関係に対応すると思われる。ただし、『般若心経』大本においては「若者」・「娘」が何らかの表現をしているわけではない。これに対して、飯舘村の実践においては中学生たちは確かに「までい」の理念をドイツにおける研修体験の中で彼ら自身の言葉によって表現していると言えよう。

ここで注目したいのは、「までい」の理念が飯舘村における社会的な慣習の中から生み出され、それが飯舘村の文化的伝統になっているということである。それは、宗教的な営みではなく、むしろ思想的な営みとしてこの村の人びとの実践を支えてきたのであろう。したがって、この思想的な営みはもともとが一般人の立場の一つの在り方を示すものであるということになるであろう。つまり、この思想的な営みはこの村の文化的伝統としてこの村に生きた（生きている）人びとが一般人という〈存在〉として作ってきたものであろう。そして、この思想的な営みに対して「までい」という言葉による表現が与えられたわけである。

ここでの村の文化的伝統を作ってきた村の人びとは、何らかの宗教的な営みにおけるような専門家である必要はない。つまり、例えば『般若心経』大本における「観自在菩薩」や「舎利子」である必要はない。もちろん、飯舘村の中で村の人びとは集団的な仕方で中学生たちを導いていくという意味では「までい」について専門家であると言えないこともないかもしれない。しかし、そこではこの村での生活の仕方が「までい」という言葉で示されており、中学生たちにとってはゆるやかな仕方でその生活の仕方を身につけること、つまり、彼らにとってそれぞれの思想的な営みにおいて〈主体〉を形成することが可能になるであろう。

このような中学生たちの〈主体〉の形成のうちに、思想的な営みというもの一般の中で「日本特有の」あるいは「日本人の」（「死生観」を含む）思想的な営みの在り方、つまり日本の文化的伝統の一つの在り方が現われていると言えよう。そしてこの在り方には、いわゆる「無常感」を超える可能性が示されている。飯舘村の人びとの実践は、そのことを示している。言うまでもなく、あまりに東日本大震災は過酷なものである。しかし、そのような過酷さの中にも、逆説的であるがその災害が広範囲であることによって、現代日本社会に生きる一人ひとりの人間にとって、飯舘村における人びとの実践は、それぞれの〈主体〉を形成する方向を明らかにしているとは言えないだろうか。本書としては、そのことに一人ひとりの人間が人間として生きることへの希望を見出したい。

その際、本書で取り上げた中学生たちのドイツ研修の時期に注目したい。すなわち、中学生たちは東日本大震災による福島第一原発事故をきっかけにドイツが脱原発の方向に政策上明確に歩みだした（註18）ちょうどその時期に現地での研修に出かけたことになる。中学生たちの作文は、ドイツが当のその時期にどのような事情にあるかについての観察記録として興味深い。ドイツ研修で見つけた「までい」という理念を彼らが将来どのように自分たちの故郷である飯舘村において実践していくのか、その成果に期待したい。

第8章　本書の問いへの答え——思想的な営みとしての空の立場にあたる立場の実践

本書の問いは、追悼の祈りと復興の願いとを重ね合わせるためにはどのような思想的な営みが求められるのかというものであった。この問いへの答えは、次のことのうちに見出されよう。すなわち、一人ひとりの人間が思想的な営みとしての空の立場にあたる立場を実践すること、あるいはそのような実践の〈主体〉として自分を形成することである。

ただし、その際留意されるべきことは、ここで取り上げている立場が社会的な慣習になった宗教的な営みにおいて示されるものとは異なっているということである。というのは、思想的な営みというものは一般に何らかの宗教的な営みに限られるものではないからである。つまり、言うまでもなく一人ひとりの人間はそれぞれの仕方で自分の人生を生きているのであり、そのとき何らかの思想的な営みが不可欠であるが、それはその一人ひとりの人間の人生を導くものとして多様なものである。そうであるとすれば、そのような思想的な営みは何らかの宗教的な営みにおいて示されるものでもあるとはいえ、しかし、そのようなものであるとは限らないであろう。

確かに、日本の文化的伝統のもとでは思想的な営みというものは仏教における宗教的な営みにおいて示されることが多いかもしれない。しかし、その場合注目したいのは、東日本大震災で被災した人びと（一般人）の求めに応じるために専門家である僧侶たちによってその宗教的な営みの在り方が反省されたということである。すなわち、この宗教的な営みの核心にある思想的な営みとしての空の立場があらためて捉え直されたということである。そのとき、思想的な営みというものが宗教的な営みのうちにおいてであれ、それなりに独自に捉えられたであろう。ただし、そのとき思想的な営みとしての空の立場に対してはそのような反省の上に立つことを促した一般人の立場に配慮した上でなされる実践が求められるであろう。あるいはまた別の立場、すなわちもともと必ずしも何らかの宗教的な営みには関わらないけれども、しかし思想的な営みとしての空の立場にあたる立場から一般人の立場による実践がなされることも期待されるであろう。

その際、この実践の思想的な営みを根拠づけるために次の課題がある。すなわち、空の立場を表わす『般若心経』における「色即是空　空即是色」という言葉を社会的な慣習になった宗教的な営みから切り離して、一人ひとりの人間にとっての思想的な営みを根拠づけるものとして捉えるということである。一人ひとりの人間は、あらゆる中心主義とりわけ人間中心主義を超える空の立場において「色即是空」であることを「体得」する。そしてこの境地から「空即是色」において「色」としての〈存在〉に新しい〈形〉を与える実践を集団的に行なうように促される。大部分の人間、つまり一般人にとっては空の立場を「体得」することは困難であるが、思想的な営みとしての空の立場にあたる立場を社会的な慣習になった宗教的な営みから離れてこの「集団的実践」において実現することができないわけではない。そのとき、一般人は自分自身との関係・人間相互の関係・人間と自然との関係において〈かけがえのないもの〉を見出すであろう。そのように思想的な営みとしての空の立場にあたる立場の実践を通じて、一般人は自分という〈存在〉に新しい〈形〉を与えることによって自分の人生の意味を捉えることができるようになるであろう。

このような思想的な営みの背景としては、一般人がその生活において前提する二つの営みを挙げた。すなわち、一つは社会的な慣習になった宗教的な営み、もう一つは社会的な「システム」になった科学的な営みである。それぞれには次の論点がある。前者に関わるものとして鴨長明『方丈記』や吉田兼好『徒然草』に見られるような日本の文化的伝統において（必ずしも「色即是空　空即是色」に本来的な仕方で即してはいない）「無常感」という態度が形成されてきたこと、後者に関わるものとして近代以降科学的な認識において「無常感」を超えて自然の変化を受け止める態度も形成されてきたこと、その際とりわけ世代を超えての科学的な認識の形成にはこの認識の発展における紆余曲折も不可避的であったが、そのこと自体が批判的に認識されるようになってきた（教材『稲むらの火』が防災教育で大きな役割を果たしたが、科学的な認識の発展によって修正されるようになった）こと、しかし、社会的な「システム」になった科学的な営みにおいては人間中心主義的な「アクティビズム」によって原発が生み出され、その本質が原発事故においてあらわになり、その放射能災害の故にそもそも原発は空の立場と共存することができないこと、したがって思想的な営みとしての空の立場にあたる立場をそれぞれの仕方で取ろうとする限り、一人ひとりの人間は人間として生きるために原発という〈存在〉をなくすほかはないこと、これに対して人間中心主義的ではない「パッシビズム」による社会的な「システム」になった科学的な営みが求められること、そこでは自然の変化が「循環」において捉えられ空の立場と合致すること、そしてこれらを受け止める一般人による思想的な営みとしての空の立場にあたる立場からの実践が「人間の復興」において求められることである。

本書において、思想的な営みとしての空の立場にあたる立場から、東日本大震災における追悼の祈りと復興の願いとを重ね合わせることについての考察を試みた。

まず、東日本大震災後二年が経過する中で、大震災そのものについて振り返られたが、本書ではその一つの例として映画『遺体　明日への十日間』を取り上げた。そこには「日本特有の死生観」あるいは「日本人の死生観」に基づくものとして語られた大震災当時の釜石市の人びととの実践が（フィクション作品ではあるが、原作のノン・フィクション作品に基づくという仕方で）映し出されていた。その実践は、追悼の祈りの中で一人ひとりの人間という〈存在〉を〈かけがえのないもの〉とするまさに思想的な営みによる実践であり、おそらく復興への出発点になる実践であったと思われる。

また、大震災で亡くなった人びとを追悼する三回忌の法要などにおいて宗教的な営みの中で、一人ひとりの亡くなった人びとへの追悼の祈りと「供養」としての復興の願いとが重ね合わされていたことに各地域の新聞記事からの引用を通じて触れた。

さらに、一般人の立場からの実践の例として福島県飯舘村の「までい」の理念による実践を挙げた。そこには、原発事故、さらに原発そのものを超えて自分自身との関係・人間相互の関係・人間と自然との関係に新しい〈形〉を与える一人ひとりの人間という〈存在〉がより根本的に示されている。

その飯舘村における実践の中で、『未来への翼』プロジェクトによる中学生たちのドイツ研修が行なわれたのはドイツが福島第一原発事故をきっかけに原発政策の転換を成し遂げたちょうどその時期にもあたり、この研修は中学生たち自身にとっても飯舘村の人びとにとっても「一人ひとりの復興」に向かう実践の出発点になったことであろう。

これらの実践において、東日本大震災で亡くなった人びとへの追悼の祈りと生き残った人びとの復興の願いとが重ね合わせられるであろう。これらの実践は、思想的な営みとしての空の立場にあたる立場によって根拠づけられている。そしてそれらは、そのように根拠づけられることを通じて〈かけがえのないもの〉としての一人ひとりの人間という〈存在〉の意味を明らかにするにちがいない。さらに、この根拠づけに基づいて「人間の復興」が推し進められ実現されていくであろう。本書としては、このような実践のうちに一人ひとりの人間が人間として生きるということへの希望を見出したい。

註

註1　外岡 2012 のタイトル『複合被災』および次の記述参照。「『3・11』は、人類の歴史に類をみない『複合被災』でした。広範囲にわたる大規模な震災と火災。その後の大津波。さらに、福島第一原発の全電源が失われ、チェルノブイリ事故と同じレベルの最悪の被害をもたらした原発事故。ふつう、大災害は、起きたときを最大のピークとして、なだらかな下降曲線を描き、被害はおさまり、やがて復旧や復興が始まります。しかし原発事故は、それとはまったく違うカーブを描きます。／原発の近くに暮らしていた人々は避難を命じられ、福島県内だけでなく、全国に散らばり、その数は一五万人に達しました。放射性物質は沿岸部だけでなく、遠く内陸部にまで降り注ぎ、多くの人々が自主的に避難をしました。原発の事故収束には数十年かかるとみられますが、その間、住民は故郷に帰れるのでしょうか。放射性物質を取り除く『除染』の結果、たまりにたまっていく放射性物質を含んだ土や灰は、どこに保管すればよいのでしょうか。すべては未解決のまま、時間だけがすぎています。大災害後にも、『被害』が衰えず、むしろ問題が拡散していく。そこに、原発事故の大きな特徴があるのです。」（外岡 2012: iv）

註2　「自分」を当の人間の主体的側面として、「自己」を当の人間自身を示す事柄として区別する。両語の区別については幸津 2012:13-14 参照。

註3　『法華経』の立場は、三乗（自分だけの解脱を最高の理想とする・因果の道理を悟っても自分だけで満足して他人に説法しない・完全な仏陀のいることは承知しているが、自分たちには縁がないとあきらめている）すなわち小

乗に対比されて、「仏陀になる道は誰にでも開かれている」とする一乗すなわち大乗であるという。渡辺1967:184参照。ここには、大乗の立場はもともと本書の立場が示すような一般人に開かれているということが説かれている。

註4　人間の尊厳を尊重することを映画で表現する際、その表現が俳優の思いに基づく演技に支えられたことを示すシーンがある。民生委員相葉役の西田敏行が遺体安置所に入るとき「裸足」になるというシーンである。

このシーンに関連して、君塚監督のアプローチを「〝事実〟を超えて〝真実〟に迫る大変難しいアプローチ」とする次の解釈が注目される。「その中でも、西田さんの言動がどうにもこうにも我々の目に耳に心に突き刺さった。安置所で〝裸足〟で作業し続ける深いご遺体への配慮。ところが、原作に忠実に進む物語の中で、『民生委員の相葉さんが裸足になる』という部分が原作にはないのだ。私は西田さんに聞いた、すると西田さん白身が『靴を脱がせてほしい』と頼んだという。しかも、君塚監督はその思いを汲んで、事実にない靴を脱ぐシーンをスクリーンで強調してみせたのだった。原作ルポを書いた石井光太さんが驚いたというのもわかる。西田さんのモデルとなったご本人（千葉淳さん）に映画の感想を聞くと、千葉さんは自らこう言ったそうだ。『西田さんが靴を抜いでいましたね。実は、私も、ああしたかったんです。その気持ちを西田さんが表現してくださった』。この映画が、事実を超えて真実に迫った瞬間だった。」（笠井信輔、東日本大震災現地取材班、フジテレビアナウンサー、プログラム7）

このシーンの経緯について君塚監督は言う。「西田さんは遺体安置所で裸足でいましたが、実はあれは西田さんのアイディアなんです。西田さんは実際に東北出身の方で被災地には繋がりがあったようなので、いろいろ話を聴いていくうちに『遺体安置所は畳の上にある感覚だし、どんなに泥だらけだったとしても畳の上を僕は土足では歩けない。裸足でずっといたい』とおっしゃったんです。そう俳優さんが思うなら許すしかない、今回は監督としてはそういうスタンスでした。とにかく演出の効かない作品だと思ったから、自分をさらけ出す覚悟のある俳優さんに出演していただきました。」（君塚良一、プログラム19）

註5　筆者は、「日本（人）」的であることをめぐって、これまでいくつかの場合について論じたことがある。日本の文化的伝統のもとでは、茶道の場合について、幸津2003参照。武士の場合について、同2002; 2004; 2006; 2009参照。古典落語の場合について、同2008参照。近代日本の戦争の場合について、同2001参照。東日本大震災の場合について、同2012参照。日本以外の文化的伝統との対比のもとでは、ユダヤ教・キリスト教・儒教の場合について、同1996; 2010; 2011参照。仏教の場合について、同2007参照。ナチス体制下のドイツ人女性の場合について、同2005参照。

註6　チベットでは死者のためには別の儀式があるという。

死者のためには、チベッ－では阿閦如来《あしゅくにょらい》のマンダラを捧げてお経を唱えたり、死者が来世で動物、餓鬼、地獄などの不幸な生を得ないように、マンダラの中に死者の骨を入れて、加持を得るためのお経を唱えたりする儀式があります。（ダライ・ラマ十四世／茂木2011:122-123）

阿閦如来：密教で大日如来の五つの知恵の一つ「大円鏡智」（丸い大きな鏡にすべてが映るように、清浄な知）をあてはめた如来。『仏尊の事典』関根編1997:38参照。

註7　中村・紀野によれば、「五蘊」について「色（物質的現象）と受想行識（精神作用）の五つによって一切の存在が構成されていると古代のインド仏教徒は考えた」（中村・紀野訳20）という。

註8　例えば、茶道における「一期一会」は〈かけがえのないもの〉が示されるこのような事態を示すものであろう。幸津2003:60-61参照。

註9　この地震については、次の説明を参照しよう。「この地震が発生したのは、一一八五年八月一三日（元暦二年七月九日）である。壇ノ浦の合戦に敗れて、平氏一門が滅亡してから三か月あまり後のことであった。／この地震では、琵琶湖南部から京都にかけて大災害となり、とくに白河付近の被害が大きく、法勝寺の九重塔や阿弥陀堂、南大門などが倒壊し、法成寺の回廊も転倒、そのほか尊勝寺や最勝寺など各寺院の堂塔や鐘楼などに大きな被害がでた。比叡山の建物も、ほとんどが倒壊したり傾いたりした。京都市内の民家も多数倒壊し、死者も多くでた。／内陸直下の地震としては、かなり大規模なもので、M7・4前後と推定されている。」（伊藤 2002: 180）「海は傾きて陸地をひたせり」の「海」とは、琵琶湖のことである（同）という。なお『方丈記』・『徒然草』のうちの地震の記述について同著書より教示されたことに感謝する。

註10　この地震については、次のように説明されている。「この地震は、一三一七年二月二四日（正和六年一月五日）に、京都東方の白河付近を震源として起きたものと考えられている。」（伊藤 2002: 181）

註11　この長期評価においては、地震についての科学的な認識がどこまで到達しているのかを示す次の記述が注目される。「歴史的にみると、いわゆる宮城県沖地震は、比較的短い間隔で発生している。政府の地震調査委員会が、過去の活動について吟味したところ、宮城県沖地震の震源域では、一七九三年以降、現在までに、六回の大地震が発生したと考えられた。一七九三年、一八三五年、一八六一年、一八九七年、一九三六年、一九七八年である。このうち、一七九三年の場合は、日本海溝寄りの震源域も連動したため、M8・2程度の巨大地震となり、大津波が発生している。／これら六つの地震の活動間隔は、二六・三年から四二・四年までの範囲となり、平均活動間隔は三七・一年ということになる。このように、宮城県沖地震はほぼ規則正しい間隔をおいて発生しており、最後の発生が一九七八年だから、次の地震に向けての折り返し点を、すでに過ぎてしまったとみなければならない。地震発生

の可能性は年々高まっているというのである。／地震調査委員会の長期評価によると、二〇〇三年六月の時点で、宮城県沖地震が二〇年以内に発生する確率は八八％、三〇年以内では九九％と試算されている。つまり三〇年経ってみれば、ほぼ間違いなく起きてしまっているということなのである。／宮城県は、一九七八年宮城県沖地震や一九九五年兵庫県南部地震（阪神・淡路大震災）から得られた教訓をふまえて、将来M７・５の宮城県沖地震が発生したときの被害想定を実施した。それによると、もし地震が、家庭内で火を使っている可能性の高い夕方に発生すると仮定すれば、広域火災などによって、死者は約一三〇〇人に達し、全壊・消失家屋は約一万八〇〇〇戸にものぼるであろうという。過去の災害に学びつつ、地震への備えを急がねばならない。」（伊藤 2005: 88-89）

註12 「語り継ぐこと」について、津波研究の専門家の言葉を心に留めておきたい。「災害の体験・経験は起った瞬間から風化が始まる。そして、気がついたときには、大切な人を失った人とその周りの人にだけ、悲しい思い出がいつまでも付きまとっている。悲しさを体験した人は、その苦しみをもったまま生き続けなければならない。PTSD（心的外傷後ストレス障害）は、阪神・淡路大震災をきっかけとして、よく知られるようになった。しかし、いくら時間が経過しても、深く心が傷ついた人は癒えないのである。／風化するようでは、災害で亡くなった犠牲者に申し訳ない。亡くなった人たちが私たちの記憶の中に生き続けることが、いま生きていることに対する感謝であり、二度と災害に遭遇しないことにつながる。災害を忘れることなく、現在に生き返らせるためには、語り継ぐことが大切である。」（河田 2010: 180）

註13 『稲むらの火』についてその成立・同時代の雰囲気・後世への影響をめぐって次の記述（伊藤 2002: 102-106）が参考になる。おそらく当時の科学的な認識に基づく教材であったと思われるが、そうだとすれば、科学的な認識というものがどのように防災教育において生かされたのかがよく分かる。「戦中から戦後にかけて使われていた小

学校の国語教科書（五年生用）に、『稲むらの火』という名教材があった。その筋書きは、村の荘屋の五兵衛という老人が、ゆらゆらとした不気味な地震を感じたあと、海水が沖へと引いていくのを見て、津波の襲来を予感し、高台にある自分の家の稲むら（刈り取ったばかりの稲の束）に火を放って、海辺に住んでいる村人を高台に集め、人びとを津波から救ったという物語である。／当時、これを学んだ人の多くが、他の教材については忘れていても、『稲むらの火』だけは鮮明に覚えているという。軍国調一辺倒だった教材のなかで、この物語だけはきわめて印象的であり、子どもたちの心に深い感銘を与えたのである。私自身も例外ではなかった。」

教材の背後にある災害の歴史上の事実が一般人にとっての記憶としてどのように保たれたのかも重要である。「これほどの感動を呼んだ『稲むらの火』は、けっして作り話ではない。それこそ、一八五四年安政南海地震のさい、紀州和歌山藩広村（現在の和歌山県広川町）での実話がモデルになっているのである。紀伊半島の西海岸にある広村は、安政南海地震の津波によって、三九九戸のうち一二五戸が流出し、三六人の死者をだした。／当時この広村に、醤油の製造業を営む浜口儀兵衛という人物がいた。彼は名家の主人として、なにかと村人の面倒を見、自分を犠牲にしてまで村のために尽くしたので、村人からたいへん慕われていた。このとき儀兵衛は三四歳であった。／大地震のあと、南西の方角から大砲のとどろくような音が聞こえ、大津波が襲ってきた。儀兵衛も、多くの村人とともに流されたのだが、八幡神社のある小高い丘にすがりついて助かった。津波の第一波が引いたあと、儀兵衛は、まだ下の村に多くの人が残っていることを知り、八幡神社のある丘まで村人を避難させようとした。／しかし地震の起きたのは午後四時ごろ、一年で最も日没の早い時期だったから、日はやがてとっぷりと暮れ、あたりは真っ暗になっていた。そこで、避難する人びとが道を見失わないよう、若者たちに命じて、道筋にあたる水田の稲むらに松明で次々と火をつけさせ、避難路を照らして村人を誘導したのである。／やがて津波の第二波が襲ってきた。この夜、津波は四回にわたって広村を洗ったのだが、儀兵衛の機転によって助かった者は、数を知れなかったという。／この安政南海地震を教訓に、儀兵衛はその後、将来の津波から村を守るために、莫大な私財を投じて大堤防の築造に着手した。四年の歳月をかけて完成した堤防は、高さ四・五m、全長六五〇mに及ぶものであった。しかもこの大堤防は、儀兵衛の遺志のとおり、一九四六年南海地震による津波に対して、多大な防災の効果を発揮したのである。／こうして儀兵衛は、生き神様として崇められるようになった。今も残るその大堤防の上には、浜口梧陵（儀兵衛の号）の遺徳をたたえる石碑が建てられている。」この災害はなお近代における科学的な認識が形成される以前の時代の日本において起こったものだが、経験などを通じて形成されてきた津波についての当時の科学的な認識がそれなりに反映していたであろう。「儀兵衛の機転」には「無常感」を超える態度が見出される。

この儀兵衛についてラフカディオ・ハーンが短篇小説 "A Living God" (生ける神) (1896) において述べ、その際「儀兵衛」は「高台に住む年老いた村の有力者」「五兵衛」とされているという。一九三四年（昭和九年）和歌山県小学校教員であった中井常蔵が文部省第四期国定教科書国語と修身の教材全国公募に応募・入選し、国語の教科書に載ることになったという。

同文献における生前の中井についての記述、そして同時代・後世への影響についての記述も興味深い。そこには、この教材が防災における〈主体〉の形成にどのような役割を果たしたのかという点が示されている。「生前の中井さんにお会いしたとき、彼は『稲むらの火』を書いた動機について、ハーンの短編に出会ったときの感動を、そのまま子どもたちに伝えたいと願ったのだと語ってくれた。／そしてその感動は、中井さんの願いどおり、教材を通じて全国の子どもたちの心に浸透し、当時の小学生が老境に達したいまも、鮮烈な記憶として心に焼きついているのであう。／振り返ってみれば、『稲むらの火』は、防災教育の不朽の名作だったといえよう。／そこには、私財を捨ててまで人命の救助にあたった五兵衛の人間愛の物語をとおして、人のいのちの大切さを教える防災の基本精神が盛りこまれている。そしてまた、奇妙な地震の揺れや海水の異常な動きから、津波の襲来を予見した五兵衛の自然認識の確かさをとおして、先人からの伝承がいかに貴重なものであるかをも教えている。／『稲むらの火』が国語の教科書に載っていたのは、一九三七年（昭和一二年）から戦後まもない一九四七年（昭和二二年）まであった。／一九八三年五月二六日に起きた日本海中部地震で、男鹿半島の浜に遠足に来ていた児童一三人が津波の犠牲になったとき、『もし『稲むらの火』が、今も教科書に残っていたなら、この悲劇は防げたかもしれないのに』という声が聞かれた。それを契機に、『稲むらの火』の教育効果が見直され、副読本のようなかたちで復元しようという試みもなされてきた。／防災の理念を、正面きって声高に叫ぶよりも、このような感動的な物語をとおして、人の心を打つ教育、情緒や情感に訴える教育の方が、はるかにまさっているように思えてならない。」

ただし、本文で述べるように、この教材が基づいていた科学的な認識は歴史的に限定されたものであったことも忘れてはならない。

註14　原爆による放射能災害の永続性の不安・恐怖については、これまでいろいろに表現されてきた。この災害そのものの不安・恐怖に加えて、比較的近年では世代を超えてこれが永続するという不安・恐怖についての表現がなされている。コミック作品こうの史代『夕凪の街　桜の国』およびその映画化である佐々部清監督作品（同題）参照。

註15　「復興」の理念について以下の捉え方が重要である。「『個人の尊重』とは一人ひとりを大切にしよう、という考え方である。その思想は、災害復興でも最も重要な原理として働かせるべき理念である。なぜなら、この理念を忠実に解すれば、被災者の立場から復興を考え、最後の一人が復興を果たせるまで最善を尽くすべきとの結論が導かれるからである。」（津久井 2012: 122）この見解に基づくならば「人間の復興」を「そのまま条文化したのが憲法

一三条といってもよい」のであり、「憲法の中心軸は、復興の中心軸と見事に一致し重なり合っている」という（津久井 2012: 123）。「人間の復興」という理念は、福田徳三（1874-1930）の次の言葉によるという。「私は復興事業の第一は、人間の復興でなければならぬと主張する」「人間の復興とは、大災によって破壊せられた生存の機会の復興を意味する。」「道路や建物は、この営生の機会を維持し擁護する道具立てに過ぎない」（福田徳三（山中茂樹ほか編）『復刻版　復興経済の原理及若干問題』関西学院大学出版会、2012 より。津久井 2012: 120）。関東大震災（1923）からの復興に対するこの「人間の復興」理念の提唱は、ほぼ90年後の東日本大震災からの復興の課題に直面する現在においても大いに学ばれるべきであろう。

註16　そこに、ヘーゲル哲学における「哲学の欲求」というテーマに共通する問題の把握を見ることも可能であろう。本書あとがき参照。このテーマについては、幸津 1991; 1999b; 2008b 参照。

註17　飯舘村の事情については、村長の著書、菅野 2011 参照。また研究者の報告、千葉／松野 2012 参照。

註18　脱原発をめぐるドイツの事情については、本書の範囲を越えている。その点については、シュラーズ 2011; 熊谷 2012; 伊関 2013 参照。

文献目録

本書のテーマに関わる基本文献
石井光太 2011『遺体　震災、津波の果てに』新潮社（映画化作品：君塚良一　脚本・監督 2013『遺体　明日への十日間』フジテレビジョン；同プログラム：（株）ファントム・フィルム編集・発行 2013。同作品のシナリオについては、地域図書館を通じて問い合わせたところ製作元で非公開とされており複写の入手が不可能とのことであった。そこでやむを得ず、原作およびプログラムからのみ引用した）
朝日新聞 2013.3.12
IWANICHI ONLINE　岩手日日新聞社　http://www.iwanichi.co.jp/（2013.3.30 閲覧）
Web News 岩手日報　http://iwate-np.co.jp/（2013. 3.30 閲覧）
Kolnet 河北新報社　http://kahoku.co.jp/（2013.3.30 閲覧）
Minyu-net 福島民友　http://www.minyu-net.com/（2013.3.30 閲覧）
福島民報　http://www.minpo.jp/（2013.3.30 閲覧）
「稲むらの火」 http://www.sam.hi-ho.ne.jp/aiku/inamura.htm（2013.3.30 閲覧）
高木仁三郎 2000『原発事故はなぜくりかえすのか』岩波新書
ダライ・ラマ十四世／茂木健一郎 2011『空の智慧、科学のこころ』マリア・リンチェン訳、集英社新書

『日本国憲法』講談社文庫 1985
Magenedo IITATE 愛する飯舘村を還せプロジェクト　負げねど飯舘!!　http://space.geocities.jap/iitate0311/
　(2013.3.30 閲覧)
『までいの力』企画編集「までい」特別編成チーム、SAGA DESIGN SEEDS　2011
『未来への翼　～ドイツにも〝までい〟はありますか?～』企画編集「までい」特別編成チーム、記録　高橋みほり、
　協力　池田憲昭（監修）／Marc Doradzillo（写真提供）、作文　飯舘村中学生、撮影　高野祥一、挿画　佐賀　達、
　SAGA DESIGN SEEDS　2012a
『続までいの力』企画編集「までい」特別編成チーム、SAGA DESIGN SEEDS　2012b

古典

『般若心経』中村元／紀野一義訳注、岩波文庫　1960＝2001 改版（引用は 2001 改版による）
　金岡秀友校注、講談社学術文庫 2001
　涌井和 2002『サンスクリット入門　般若心経を梵語原典で読んでみる』明日香出版社
鴨長明『方丈記』簗瀬一雄訳注、角川文庫 1967
吉田兼好『徒然草』川瀬一馬校注・現代語訳、講談社文庫 1971

関連する文献

鳥賀陽弘道 2012『福島　飯舘村の四季』双葉社

内橋克人編 2011『大震災のなかで　私たちは何をすべきか』岩波新書
小澤祥司 2012『飯舘村――6000人が美しい村を追われた』七つ森書館
外岡秀俊 2012『3・11　複合被災』岩波新書
菅野典雄 2011『美しい村に放射能が降った　飯舘村長・決断と覚悟の120日』ワニブックス【PLUS】新書
長谷川健一 2012『【証言】奪われた故郷――あの日（3.11）、飯舘村に何が起こったのか』オフィスエム

研究文献

伊関武夫 2013『脱原発　ドイツと日本　学ぶドイツ・懲りない日本』批評社
伊藤和明 2002『地震と噴火の日本史』岩波新書
同 2005『日本の地震災害』岩波新書
『岩波古語辞典』大野晋／佐竹昭広／前田金五郎編、岩波書店 1974（＝古語辞典）
河田惠昭 2010『津波災害―減災社会を築く』岩波新書
熊谷 徹 2012『脱原発を決めたドイツの挑戦　再生可能エネルギー大国への道』角川 SSC 新書
小出裕章 2011『原発のウソ』扶桑社新書
『広辞苑』新村出編、岩波書店、第二版（＝2）1969、第六版（＝6）2008
幸津國生 1991『哲学の欲求―ヘーゲルの「欲求」の哲学』弘文堂［ドイツ語版 1988］
同 1996『現代社会と哲学の欲求―いま人間として生きることと人権の思想』弘文堂
同 1999b『意識と学―ニュルンベルク時代ヘーゲルの体系構想』以文社［ドイツ語版 1999a］

同 2001「『君死にたまふことなかれ』と『きけ　わだつみのこえ』・無言館―近代日本の戦争における個人と国家との関係をめぐって」文芸社
同 2002『時代小説の人間像―藤沢周平とともに歩く』花伝社
同 2003『茶道と日常生活の美学―「自由」「平等」「同胞の精神」の一つの形』花伝社
同 2004『『たそがれ清兵衛』の人間像―藤沢周平・山田洋次の作品世界』花伝社
同 2005『ドイツ人女性たちの〈誠実〉―ナチ体制下ベルリン・ローゼンシュトラーセの静かなる抗議』花伝社
同 2006『『隠し剣　鬼の爪』の人間像―藤沢周平・山田洋次の作品世界2』花伝社
同 2007b『一般人にとっての『般若心経』―変化する世界と空の立場』花伝社
同 2008a『古典落語の人間像―古今亭志ん朝の噺を読む』花伝社
同 2008b『哲学の欲求と意識・理念・実在―ヘーゲルの体系構想』知泉書館［ドイツ語版 2007a］
同 2009『『武士の一分』・イチローの人間像―藤沢周平・山田洋次の作品世界3＋「サムライ野球」』花伝社
同 2010『『冬のソナタ』の人間像―愛と運命』花伝社
同 2011『『宮廷女官　チャングムの誓い』の人間像―人間としての女性と歴史』花伝社
同 2012『「貢献人」という人間像―東日本大震災の記録・藤沢周平の作品世界を顧みて』花伝社
こうの史代 2004『夕凪の街　桜の国』双葉社（同映画化作品：佐々部清監督 2007 同題、「夕凪の街　桜の国」製作委員会）
シュラーズ、ミランダ・A　2011『ドイツは脱原発を選んだ』岩波ブックレット
関根俊一編 1997『仏尊の事典　壮大なる仏教宇宙の仏たち』学研パブリッシング

千葉悦子／松野光伸 2012『飯舘村は負けない――土と人の未来のために』岩波新書
津久井 進 2012『大災害と法』岩波新書
広河隆一 2011『福島　原発と人びと』岩波新書
渡辺照宏 1967『お経の話』岩波新書

あとがき

東日本大震災以来、筆者はひとりの人間として自分がどのようにこの大震災の事実と向き合うことができるのかについて考えさせられている。これまでに筆者は、映画『遺体　明日への十日間』および飯舘村の人びとの実践についての写真・記録『までいの力』正続・『未来への翼』に出会った。前者では大震災に対する人間の態度—追悼の祈りと復興の願い—の根本的な在り方をめぐって、後者では大震災の以前と以後との対比をめぐって、これらの人びとの実践に感銘を受けた。筆者にできることがあるとすれば、追悼の祈りと復興の願いとを重ね合わせることのうちに思想的な営みを見出し、その実践への根拠づけを試みることにすぎない。その際、社会的な慣習になった宗教的な営みのうちにもその核心として含まれている思想的な営みを『般若心経』の空の立場における「色即是空　空即是色」という言葉から読み取りたい。

本書として注目したいのは、思想的な営みとしての空の立場にあたる立場が一人ひとりの人間の実践において取られているということ、つまり、空の立場に専門家として関わる人びとではない一般人が社会的な慣習になった宗教的な営みからは独立にいわば実質的に空の立場にあたる立場を取り実践しているということである。そこには、「パッシビズム」に基づく社会的な「システム」になった科学的な営みからも学んでいる一般人の立場が示されている。この立場がどのように社会の中で実践されているのかという点を検討することによって、東日本大震災で亡くなった人びとへの追悼の祈りと大震災からの復興の願いとを重ね合わせるために、どのような思想的な営みが求められるのかという点についての示唆が得られるのではないだろうか。

筆者は、自分なりのテーマとしては「哲学の欲求」・「意識と学」あるいは「意識・理念・実在」という論点のもとにヘーゲル哲学の文献学的研究（幸津 1988; 1991; 1999a; 1999b; 2007a; 2008b）に取り組んでいる。これを基礎篇とするならば、本書はその応用篇の一つ（同 1996; 2001; 2002; 2003; 2004; 2005; 2006; 2007b; 2008a; 2009; 2010; 2011; 2012 と並んで）である。

本書は、一般人の立場から述べられている。この立場は、ヘーゲル哲学の文脈で言えば、「意識」として位置づけられる。「理念」には空の立場が対応し、「実在」には社会的な慣習になった宗教的な営みおよび社会的な「システム」になった科学的な営みが対応している。問われているのは、これらの「実在」の中で、どのようにして「意識」が「理念」を「実在」化させるのかということである。そのとき、「意識」は「哲学の欲求」の〈主体〉になっていると言えよう。

この「意識」の働きにあたるものとして、本書では次のものを取り上げた。まず映画『遺体　明日への十日間』で描かれたもの、つまり、東日本大震災で亡くなった人びとに追悼の祈りを捧げつつ思想的な営みとしての空の立場にあたる立場を実践している人びとの姿である。また社会的な慣習になった宗教的な営みにせよ、それから離れたものにせよ、東日本大震災の「三回忌」に際して被災した各地で追悼の祈りを捧げる人びとの言葉（新聞記事によって伝えられたもの）である。そこでは復興の願いも表わされた。さらに福島第一原発事故によって避難生活を余儀なくされた福島県飯舘村の人びとの、大震災以前から「までい」の理念―ドイツで研修した中学生たちにも受け継がれている―に基づいて思想的な営みとしての空の立場にあたる立場を実践してきている言葉である。そこでは大震災以後も社会的な「システム」になった科学的な営みが飯舘村の仕方で新しく作り出されている。これらの「意識」の働きにおいて「哲学の欲求」が生まれ、それを基盤にして「理念」を「実在」化させる実践が行なわれるということに希望を見出したい。

本書には、これらの人びとの言葉を多く引用させていただいた。これらの言葉の一つひとつには、これらの人びとの人生がつまっている。まさに、それぞれの言葉が〈かけがえのないもの〉である。本書としては、それらにただ耳を傾ける他はない。これらの言葉は、東日本大震災について忘れることなく想い起こし、そしてそのことによって思想的な営みをしていくための手がかりになるであろう。本書には、それぞれの言葉を引用することによって心に刻むという意味もあるかもしれない。その結果、本書の記述においてこれらの言葉の引用で多くのページが埋められ、さらにこれまでの研究文献からも多くの引用が連ねられることになった。これらの引用は本書なりの思想的な営みのために不可欠なことであり、この点について読者の方々のご了解を願う次第である。

本書のテーマという点で『般若心経』の「色即是空　空即是色」についての解釈をめぐっては、拙著2007に基づいた部分がある。ただし、この部分は本書の記述の出発点にすぎず、記述の内容の大部分は今回新しく述べたものである。一部重なっていることについて、お赦しいただければ幸いである。

このような小さな本を書くことも周囲の人びとに協力していただくことで可能になった。

生活上の変化の中で筆者を支えてくれた連れ合いの協力を得たことを感謝の念とともに記しておきたい。また、同じくその変化の中で事務上の困難を抱えていた筆者に林香里氏が助けの手を差しのべてくださったことは大変ありがたいことであった。さらに、これまで交流を続けて来た中で、友人や知人そしてもとの勤務先でのゼミナリステンや学生の皆さんなど多くの方々が本書のような一般人の立場からのものの捉え方をめぐって感想を寄せてくださり励ましてくださったことにお礼を申し上げたい。

最後になってしまったが、厳しい出版事情にもかかわらず、本書の出版に尽力してくださった花伝社代表平田勝氏、同編集部柴田章・近藤志乃両氏に謝意を表する次第である。

二〇一三年八月一五日

著者

[事項]

あ

い

え

か

き

【その他】

【新聞名】

【東北被災・避難関係地名】

岩手県

宮城県

福島県

索　引

［人名］

幸津國生（こうづ くにお）

1943 年 東京生まれ
東京大学文学部卒業
同大学院人文科学研究科博士課程単位取得
都留文科大学勤務をへて
ドイツ・ボーフム大学ヘーゲル・アルヒーフ留学（Dr.phil. 取得）
日本女子大学勤務、同定年退職後「晴“ 歩 ”雨読」
日本女子大学名誉教授

【著書】

『哲学の欲求——ヘーゲルの「欲求の哲学」』弘文堂 1991
『現代社会と哲学の欲求——いま人間として生きることと人権の思想』弘文堂 1996
『意識と学——ニュルンベルク時代ヘーゲルの体系構想』以文社 1999
『「君死にたまふことなかれ」と『きけ　わだつみのこえ』・「無言館」——近代日本の戦争における個人と国家との関係をめぐって』文芸社 2001
『時代小説の人間像——藤沢周平とともに歩く』花伝社 2002
『茶道と日常生活の美学——「自由」「平等」「同胞の精神」の一つの形』花伝社 2003
『『たそがれ清兵衛』の人間像——藤沢周平・山田洋次の作品世界』花伝社 2004
『ドイツ人女性たちの〈誠実〉——ナチ体制下ベルリン・ローゼンシュトラーセの静かなる抗議』花伝社 2005
『『隠し剣 鬼の爪』の人間像——藤沢周平・山田洋次の作品世界 2』花伝社 2006
『一般人にとっての『般若心経』——変化する世界と空の立場』花伝社 2007
『古典落語の人間像——古今亭志ん朝の噺を読む』花伝社 2008
『哲学の欲求と意識・理念・実在——ヘーゲルの体系構想』知泉書館 2008
『『武士の一分』・イチローの人間像——藤沢周平・山田洋次の作品世界 3 ＋「サムライ野球」』花伝社 2009
『『冬のソナタ』の人間像——愛と運命』花伝社 2010
『『宮廷女官チャングムの誓い』の人間像——人間としての女性と歴史』花伝社 2011
『「貢献人」という人間像——東日本大震災の記録・藤沢周平の作品世界を顧みて』花伝社 2012
Das Bedürfnis der Philosophie. Ein Überblick über die Entwicklung des Begriffskomplexes "Bedürfnis","Trieb","Streben" und "Begierde" bei Hegel. Hegel-Studien. Beiheft 30. Bonn 1988
Bewußtsein und Wissenschaft. Zu Hegels Nürnberger Systemkonzeption. Hegeliana 10. Frankfurt a.M./Berlin/Bern/New York/Paris/Wien 1999
Bewusstsein, Idee und Realität im System Hegels. Hegeliana 20. Frankfurt a.M./Berlin/Bern/Bruxelles/New York/Oxford/Wien 2007

【編書】

『ヘーゲル事典』（共編）弘文堂 1992

〈追悼の祈り・復興の願い〉の人間像――東日本大震災と『般若心経』

2013年12月25日　初版第１刷発行

著者 ―― 幸津國生
発行者 ― 平田　勝
発行 ―― 花伝社
発売 ―― 共栄書房
〒101-0065　東京都千代田区西神田2-5-11 出版輸送ビル2Ｆ
電話　03-3263-3813
FAX　03-3239-8272
E-mail　kadensha@muf.biglobe.ne.jp
URL　http://kadensha.net
振替 ―― 00140-6-59661
装幀 ―― 澤井洋紀
印刷・製本 ― 中央精版印刷株式会社

ISBN 978-4-7634-0687-3 C0010